이성과 감정, 가족과 기업 사이를 잇는 승계의 기술

바른 승계 길라잡이

김민조·오재순·유동길
최상규·황조익 지음

★
BOOK STAR

들어가며

"정말 이 사업을 제가 이어받아야 하나요?"

많은 후계자가 한 번쯤 맞닥뜨리는 질문이다. 가업승계는 단순히 재산을 물려받는 것이 아니다. 한 세대가 평생에 걸쳐 쌓아올린 꿈과 의지, 그리고 책임을 고스란히 떠안는 일이다. 가업승계는 기업의 생애주기에서 각 세대마다 한 번씩 찾아오는 특별하고 복합적인 과제다. 일상적인 경영 활동과 달리, 승계는 단순한 일회성 이벤트가 아니라 장기간에 걸쳐 진행되는 현 경영자의 마지막 숙제이자 후계자의 첫 번째 시험대다.

■ 왜 이 책을 쓰게 되었나

현장에서 만난 수많은 가족기업을 보면, 성공적인 승계를 완수한 기업들에게는 몇 가지 공통점이 있었다. 반대로 승계 과정에서 어려움을 겪는 기업들 역시 비슷한 문제점들을 반복하고 있었다. 이 책은 그러한 현장 경험을 바탕으로, 민준이라는 가상의 후계자가 겪는 현실적인 고민과 선택의 과정을 통해 가업승계의 핵심을 전달하고자 한다. 딱딱한 이론서가 아닌, 실제 승계를 준비하는 분들이 공감할 수 있는 이야기로 풀어낸 실용서다.

■ 7가지 핵심 주제

1. 가업승계 계획의 사전 기획

"언제부터 준비해야 할까요?"

가장 많이 받는 질문이다. 계획 없는 승계는 경영권 분쟁, 가족 갈등, 과도한 세금 부담 등 예측 가능한 문제들을 불러온다. 성공적인 승계는 '언젠가'가 아닌 '지금'부터 시작된다.

2. 단계별 맞춤 전략 수립

가업승계는 기업의 미래와 가족의 화합이라는 서로 다른 두 세계를 연결해야 하는 복잡한 퍼즐이다. 승계 계획부터 경영권 이전, 자산 분배, 사후관리까지 각 단계별로 신중한 전략이 필요하다.

3. 구성원 간 갈등 해결

"형제가 남남이 되었어요."

가족의 불화는 승계 과정에서 가장 안타까운 결과다. 상속, 경영권, 자산 분배를 둘러싼 의견 차이를 예방하고 해결하는 지혜가 필요하다.

4. 경영권 이전의 시점과 방식

"아직 이르다" vs "너무 늦었다" 경영권 이전의 타이밍은 늘 논란이 된다. 후계자의 역량, 기업의 상황, 가족의 준비도를 종합적으로 고려한 최적의 시점을 찾아야 한다.

5. 효과적인 자산 관리와 분배 전략

기업 자산을 어떻게 관리하고 분배할 것인가는 승계의 성패를 좌우하는 핵심 요소다. 상속, 증여, 매각 등 다양한 방식을 활용해 세금 부담은 최소화하고 가족 합의는 최대화해야 한다.

6. 상속 및 증여 세금 관리

"세금 때문에 회사를 팔아야 할까요?"

가업승계 과정에서 세금은 때로 기업의 존속 자체를 위협하는 요인이 된다. 가업승계 지원 세제를 비롯한 다양한 절세 방안을 체계적으로 활용해야 한다.

7. 효과적인 의사소통과 협력

가업승계는 혼자서는 절대 해 낼 수 없는 일이다. 경영진, 가족, 직원, 외부 전문가 등 모든 이해관계자와의 신뢰 구축과 협력이 성공의 열쇠다.

■ **이 책을 읽는 방법**

이 책은 민준이라는 후계자의 여정을 따라가며 가업승계의 실제를 경험할 수 있도록 구성되었다. 각 장의 스토리 부분에서는 현실감 있는 상황과 감정을 느낄 수 있고, 이어지는 전문가 해설에서는 구체적인 해결책과 전략을 배울 수 있다. 최대한 이해하기 쉽게 설명하려 노력했다.

■ **마지막으로**

가업승계는 정답이 정해져 있는 수학 문제가 아니다. 각 기업과 가족의 상황에 따라 최선의 답은 달라진다. 이 책이 제시하는 것은 '정답'이 아니라 '길잡이'이다. 민준의 이야기가 여러분의 이야기가 되고, 그 과정에서 만나는 선택과 고민이 더 나은 결정으로 이어지기를 바란다. 그리고 무엇보다, 오랜 시간 공들여 쌓아 올린 가업이 다음 세대에게 더 튼튼하고 아름다운 모습으로 전해지기를 기대한다. 가업승계는 끝이 아닌 새로운 시작이다. 그 시작을 함께 준비해 보자.

목 차

들어가며   3

제1장 가업의 맥은 끊기지 않는다   11
[전문가 Talk: 가족기업의 이해와 갈등 해결]   16
[이론 편]   18
  1. 가족기업이란   18
  2. 가족기업의 특성   19
  3. 가족기업의 갈등 원인과 이해   22

제2장 상속 계획의 주춧돌, 그리고 지배구조   25
[전문가 Talk: 상속 계획과 지배구조의 중요성]   30
[이론 편]   32
  1. 상속 계획 수립의 출발점: 현재 상황 진단   32
  2. 상속 계획의 핵심: 시간을 확보하라   33
  3. 우리 회사는 얼마의 가치가 있을까?
    : 기업 가치 평가의 필요성   35
  4. 무엇을 유산으로 남길 것인가?   37
  5. 기업 가치 평가의 세 가지 방법   39

제3장 내 것인 듯, 내 것 아닌 기업 (명의신탁 문제)   43

[전문가 Talk: 명의신탁 정리의 복잡성과 종합적 접근]   48
[이론 편]   50
  1. 명의신탁 정리와 가업승계의 세금 구조 이해   50
  2. 가업승계 시 고려해야 할 세금의 종류와 특성   51
  3. 종합적 절세 계획의 수립과 실행   54
  4. 지속적 관리의 중요성   57

제4장 진짜 하고 싶은 일, 그리고 선택의 갈림길   59

[전문가 Talk: 의사결정과 가치 평가, 매각 및 청산 전략]   64
[이론 편]   66
  1. 사업 확장의 판단 기준과 전략적 선택   66
  2. 사업 확장 전략의 유형과 실행 방안   67
  3. 확장 전략의 위험 관리   69
  4. 대안 전략의 검토와 세무적 고려 사항   70
  5. 전략적 인수합병의 활용 방안   74
  6. 의사결정 프레임워크와 실행 원칙   76
[참고] 인수합병 기본 절차   78

제5장 후계자, 그리고 기업가 정신   81

[전문가 Talk: 성공적인 후계자 양성의 핵심]   86
[이론 편]   88
  1. 후계자 양성의 전략적 접근   88
  2. 리더십 전환 과정의 이해와 관리   90

3. 기업 문화 계승과 혁신의 균형　　　　　　　92
　　4. 체계적 후계자 역량 개발 프로그램　　　　　94
　　5. 심리적 준비와 마인드셋 구축　　　　　　　97

제6장　시스템을 정비하라: 후계자의 첫 과제　　99

　[전문가 Talk: 체계적 기업 진단과 정부 지원 활용법]　105
　[이론 편]　　　　　　　　　　　　　　　　　　　107
　　1. 기업 진단과 구조 개선 방법　　　　　　　　107
　　2. 정부 지원 사업 활용 전략　　　　　　　　　112
　[참고] 주요 정부 지원 사업　　　　　　　　　　　116
　　1. 연구 역량 강화 및 기술 혁신 지원　　　　　116
　　2. 스마트 공장 구축 지원　　　　　　　　　　117
　　3. 디지털 전환(DX) 지원　　　　　　　　　　　117

제7장　네트워크를 잇고, 조직을 혁신하라　　　119

　[전문가 Talk: 조직 갈등 해결과 내부 혁신 전략]　127
　[이론 편]　　　　　　　　　　　　　　　　　　　128
　　1. 경영관리 시스템의 정비와 성과관리　　　　128
　　2. 인재 육성 및 조직 문화 개선　　　　　　　131
　　3. 네트워크 활용을 통한 조직 혁신　　　　　　132
　[참고] 주요 정부 지원 사업　　　　　　　　　　　134
　　1. 인재 육성 및 조직 문화 개선 지원　　　　　134
　　2. 조직 혁신 및 경영 개선 지원　　　　　　　138
　[심화] 과감하게 성장을 내딛기　　　　　　　　　140

제8장 모두가 함께 만드는 '새로운 시작' 145

[전문가 Talk: 가족기업에서 혁신과 안정성의 균형] 152
[이론 편] 154
1. 가족기업의 혁신 딜레마와 해결 방안 154
2. 가족 내 의사결정 메커니즘의 중요성 155
3. 단계적 혁신 전략의 수립과 실행 156
4. 가족 구성원 간 역할 분담과 협력 체계 158
5. 갈등을 성장의 기회로 만들기 159

제9장 시작할 결심 161

[전문가 Talk: 가업승계 지원 세제의 전략적 활용] 167
[이론 편] 169
1. 가업승계 재무관리의 기본 원칙 169
2. 가업상속 공제 제도의 이해와 활용 170
3. 가업승계 증여세 과세특례의 전략적 가치 171
4. 창업 자금 증여 과세특례와 신사업 연계 전략 174
5. 세금 납부 시점 조정의 전략적 의미 176
6. 종합적 절세 전략 수립의 필요성 178

제10장 모두가 함께 만드는 '새로운 미래' 181

글을 맺으며 188
참고 문헌 189

제 1 장
가업의 맥은 끊기지 않는다

[전문가 Talk: 가족기업의 이해와 갈등 해결]

[이론 편]

    1. 가족기업이란

    2. 가족기업의 특성

    3. 가족기업의 갈등 원인과 이해

민준은 대학 졸업 후 해외 유학까지 마치고 고향으로 돌아왔다. 친구들과 만날 때마다 그는 같은 고민을 털어놓았다.

"아버지 회사는 금속 가공업체인데, 내가 과연 이 업을 물려받아야 할까?"

아버지 김동수 회장은 1970년대부터 지역에서 금속 부품을 생산하며 명성을 쌓아 왔다. 그 회사는 40년 넘게 단단한 기반 위에 서 있었다.

어린 시절 민준은 공장 안에서 자유롭게 뛰놀며 자랐다. 거대한 기계들이 내뿜는 소리와 분주하게 움직이는 직원들의 모습이 일상이었다. 그때마다 아버지는 간결한 말로 진실과 성실함의 가치를 전했다.

"금속은 진실하다. 거짓을 허용하지 않는다."

그 말이 어린 마음에 깊게 새겨졌지만, 시간이 흐르면서 아버지의 말은 더 깊어졌다.

"민준아, 경영권을 물려받는다는 건 단순한 재산의 문제가 아니란다. 그 속에 담긴 철학과 기술, 그리고 우리 가족의 역사를 이어받는 일이지."

어느 날 민준은 우연히 지인을 통해 가업승계 컨설턴트를 만났다. 컨설턴트는 조용하면서도 단호하게 말했다.

"회사의 자산과 기술, 조직문화는 한순간에 넘겨지지 않습니다. 이 과정을 어떻게 준비하느냐가 곧 기업의 미래를 좌우합니다."

그 말은 아버지가 평소 강조하시던 '금속의 진실성'이 단순한 재산의 문제가 아니라, 오랜 세월 쌓아온 정신과 기술을 뜻한다는 사실을 일깨웠다.

그날 밤, 민준은 아버지의 사무실 책장을 유심히 살폈다. 오래된 기술 자료, 협력사 명단, 공장 기계 설비 관련 도면들이 빼곡하게 들어 있었다. 한 장 한 장 서류에 묻어 있는 아버지의 손때와 정성을 보며 민준은 마음 한편에서 묵직한 책임감을 느꼈다. 이내 두려움과 함께 묘한 의무감이 스쳤다.

"내가 아니면 누가 이걸 이어받을 것인가?"

그날 이후 민준은 가업승계에 대해 더 깊이 생각해 보게 되었다. 아버지가 평생 쌓아온 무형의 자산이 단순한 재산보다 훨씬 소중하다는 사실을 조금씩 이해하기 시작했다.

"내가 이 가업을 이어받는다면 그 책임감과 의무를 감당할 수 있을까?"

민준의 마음속에는 두려움과 함께 아버지의 노력이 헛되지 않도록 반드시 이 업을 이어받는다는 새로운 각오가 서서히 움트기 시작했다.

[전문가 Talk: 가족기업의 이해와 갈등 해결]

가족기업은 가족과 기업이라는 두 시스템이 긴밀히 얽혀있어, 재산과 경영권의 승계가 단순히 물질적인 문제가 아니다. 민준처럼 '가업의 가치와 기술, 가족의 역사'를 계승하는 과정으로 이어진다.

가족기업은 가족 구성원이 소유하거나 경영하는 기업으로, 단순한 재산 이전을 넘어 세대를 이어가는 경영 철학과 문화를 내포하고 있다. 초기에는 가족 구성원이 매출이나 지분, 정책을 통제하는 방식으로 정의되었다. 현재는 창업 세대와 2세대가 리더십과 전략적 통제권을 승계하는 형태로 발전해 왔다.

가족기업의 가장 큰 특징은 가족과 기업이라는 두 시스템이 동시에 작용하는 '이중 속성'이다. 기업은 이윤 추구와 성장을 목표로 하지만, 가족은 구성원의 정서적 유대와 복지를 우선시하기 때문에 이 두 체계 사이에는 때때로 갈등이 발생하기 쉽다.

이때 핵심은 신뢰와 이해를 바탕으로 한 소통이다. 가족 구성원들이 서로의 행동과 언어를 인정하고 신뢰를 쌓을 때, 이러한 갈등은 기업 성장의 기회로 전환될 수 있다.

가족기업 승계의 구체적인 특성과 갈등 구조, 해결 방안에 대해서는 다음 이론 편에서 더 자세히 살펴보자.

> [이론 편]

1. 가족기업이란

보통 가족기업(family business)은 가족 구성원이 소유하거나 경영하는 기업을 말한다. 모든 정의에 변천이 있듯이 가족기업의 정의도 변화를 거듭했다.

■ 정의의 변화
- **초기**: 가족 구성원이 매출, 주주, 지분, 정책 등을 '통제'하는 기업
- **발전 단계**: '복수 세대'의 가족이 기업을 직접 소유하거나 경영에 관여하는 기업
- **최근**: 가족이 대(代)를 이어 지배하는 기업으로 창업 세대나 2세대가 '리더십을 승계하고' 기업의 '전략적 통제권'을 가진 기업

이러한 가족기업의 수는 전 세계 기업의 30%에 육박하는 비중을 차지한다. 그만큼 사회, 고용, 경제에 미치는 영향력이 크며, 최근 다시 주목받기 시작한 이유이기도 하다.

어찌된 까닭인지 우리나라에서 가족기업 하면 아직까지도 '부의 대물림', '부자(父子) 기업', '족벌 기업' 등의 단어가 떠오르면서 부정적인 이미지로 인식된다. 바른 승계로 이러한 오명을 벗어 버리는 노력이 필요한 시점이다.

2. 가족기업의 특성

가족기업은 가족과 기업의 특성이 결합된 형태로, 비(非)가족기업과는 다른 고유의 특징을 지니고 있다.

1) 이중 속성(Bivalent Attributes):

가족기업과 비가족기업의 차이를 만드는 가장 큰 요소로, 이중 속성은 기업과 가족이라는 두 시스템이 긴밀히 혼재된 형태를 설명한다.
 - **기업 시스템**: 이윤 추구와 성장을 목표
 - **가족 시스템**: 가족 구성원의 발전과 복지를 우선시

기업 시스템은 이윤 추구를 최종 목표로 하지만, 가족 시스템은 정서적 유대와 가족의 기능을 강조하기 때문에 두 시스템 간에 갈등이 발생할 가능성이 크다. 이중 속성은 긍정적인 면과 부정적인 면을 동시에 나타내며, 가족기업의 중요한 특징이다.

2) 가족기업의 3차원 시스템

3차원 시스템은 가족기업의 이중 속성을 더 확장한 개념으로, 가족기업의 특징을 가장 잘 설명하는 대표적인 개념이다. 이 시스템은 가족, 기업, 그리고 소유권이라는 세 가

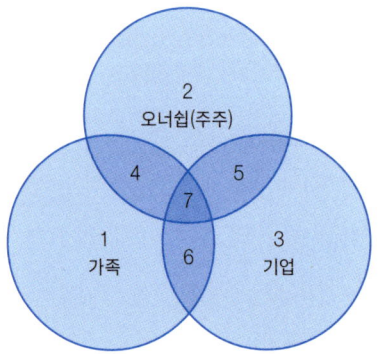

Three-Circle Model of the Family Business System | Davis and Tagiuri

- 가족(1), 소유권(2), 기업(3)의 한 영역에만 속하는 경우
- 두 개의 영역이 겹친 경우(4~6)
- 세 영역 모두에 속한 경우(7): 가족이면서 기업 지분을 소유하고 경영에 참여하는 사람

지 차원으로 구성하여 가족기업 내 다양한 이해관계자의 관계를 보여 준다.

3) 공동 진화(Co-Evolution)

공동 진화는 가족이 기업에 미치는 영향과 기업이 가족에 미치는 영향을 상호적으로 설명하는 개념이다. 이를 구체적으로 보여 주는 모델이 F-PEC 모델이다.

F-PEC 모델의 구성 요소
- F(Family): 가족 구성원의 참여
- P(Power): 가족 구성원이 소유, 지배, 경영에 참여하는 비율
- E(Experience): 승계와 기업 공헌 경험
- C(Culture): 기업과 가족 간의 가치관과 가정(assumptions)의 공유 정도

4) 가족다움(Familiness)

가족다움은 가족의 영향력에서 비롯된 독특한 자원의 집합으로 정의된다. 민준의 사례처럼 '금속의 진실성'을 강조해 온 창업주의 경영 철학이나 오랜 협력사 네트워크 등이

전형적인 사례이다.

이렇게 기업과 가족이 공유해 온 정신과 관계적 자산은 비가족기업이 쉽게 모방하기 어려운 경쟁 우위로 작용한다.

가족기업이 보유한 독특한 자원은 인적 자본, 사회적 자본, 인내 자본 등의 형태를 띠며, 이는 가족기업과 비가족기업 간의 차이를 만드는 주요 특징이다.

가족기업이 가족이라는 자원을 효율적으로 관리하고 긍정적으로 활용한다면, 가족기업은 비가족기업이 따라올 수 없는 경쟁력을 갖출 수 있다.

3. 가족기업의 갈등 원인과 이해

일반적인 가족에서도 세대 간의 환경 차이로 인해 서로를 이해하지 못해 갈등이 발생하는 경우가 많으며, 부모와 자식 간의 갈등 또한 이러한 이해 부족에서 비롯된다. 가족기업에서는 이러한 가족 갈등이 기업 운영과 맞물리면서 더욱 복잡한 양상을 띤다.

1) 가정에서 갈등이 발생하는 원인

부모는 자신의 경험을 바탕으로 자식에게 좋은 것을 주

고자 하는 마음에서 여러 가지를 강요하기 시작한다. 이러한 강요는 대개 잔소리를 통해 전달되며, 부모와 자식 간의 대화를 단절시키는 원인이 된다.

예를 들어, 학생 시절에는 성적과 태도를 문제 삼고, 친인척이나 친구들과 비교하며 갈등이 심화된다. 고등학생이 되면 대학 입시와 관련해 과도한 관심과 불필요한 걱정으로 갈등이 발생하며, 대학 졸업 후에는 취업과 직장을 두고 간섭이 이어진다. 이후에도 승진 문제, 연애와 결혼, 자녀 계획 등에 이르기까지 갈등은 점차 깊어지며, 이러한 가족 내 갈등은 기업 운영에도 영향을 미쳐 기업의 성과에 부정적인 영향을 미칠 수 있다.

2) 가족기업에서 갈등이 발생하는 주요 요인

① 역할과 규칙의 모호성
② 가족 구성원과 비가족 구성원 간의 권력과 지위 차이
③ 조급하거나 공정하지 못한 승계 과정
④ 창업자 후손들 간의 경쟁
⑤ 특혜를 받은 자녀에 대한 시기와 질투
⑥ 경력 개발, 보수, 해고 등에 관한 명확하고 일관된 정책의 부재

⑦ 행동 규범의 부족

⑧ 직무 기술서와 명확한 경계의 결여

이와 같은 요인으로 가족 간의 갈등이 심화되어, 기업의 의사결정과 조직 운영에도 부정적인 영향을 끼친다.

3) 갈등 해결의 핵심

모든 가족은 갈등과 삶의 변화에 따른 문제를 겪게 마련이다. 특히 기업에 관여하고 있는 가족 구성원들은 서로 만나는 시간이 길기 때문에 더욱 친밀한 관계를 유지할 수도 있지만, 반대로 갈등이 더 심화될 가능성도 높다.

갈등과 변화는 개인, 가족관계, 기업 성장에 필요한 과정으로, 이를 회피하거나 어렵게만 생각하면 문제가 더욱 복잡해질 수 있다.

갈등을 해결하기 위한 핵심 요소는 신뢰(trust)와 이해다.

신뢰는 인정에서 시작한다. 가족 구성원의 행동과 언어를 인정하고 신뢰하기 시작할 때 갈등 해결의 첫걸음을 뗄 수 있다. 이처럼 갈등을 해결하는 과정은 기업과 가족의 성장을 위한 기회임을 잊어서는 안 된다.

제 2 장
상속 계획의 주춧돌, 그리고 지배구조

[전문가 Talk: 상속 계획과 지배구조의 중요성]

[이론 편]

1. 상속 계획 수립의 출발점 : 현재 상황 진단
2. 상속 계획의 핵심: 시간을 확보하라
3. 우리 회사는 얼마의 가치가 있을까?
   : 기업 가치 평가의 필요성
4. 무엇을 유산으로 남길 것인가?
5. 기업 가치 평가의 세 가지 방법

민준은 아버지와 함께 식탁에 앉아 저녁 식사를 나누고 있었다. 평소보다 말이 적은 아버지의 모습이 신경 쓰였다.

"민준아, 네가 회사 일을 배우겠다고 했으니…. 나도 이제 진짜로 준비해야 할 것들이 있다."

아버지는 젓가락을 내려놓으며 말했다.

"상속 계획부터 제대로 세워야겠다. 승계할 때 가족끼리 다툼이 생기면 안 되거든."

민준은 고개를 끄덕였지만, 아직 그 말의 무게를 완전히 이해하지는 못했다.

■ 예상치 못한 복잡함

며칠 후, 아버지는 가족회의를 제안했다. 어머니와 누나, 그리고 회사 지분 일부를 가지고 있는 작은아버지까지 모였다. 민준은 단순한 가족 모임인 줄 알았는데, 분위기가 사뭇 달랐다.

"회사 지분을 어떻게 정리할지 이야기해 보자."

아버지의 말에 누나가 먼저 반응했다.

"아버지, 민준이가 경영을 맡는다고 해서 지분도 다 가져가는 건 아니죠?"

작은아버지도 조심스럽게 입을 열었다.

"형님, 저도 그동안 회사 일에 도움을 많이 드렸는데…."

갑자기 무거워진 분위기에 민준은 당황했다. 가족들 사이에 이런 미묘한 이해관계가 있을 줄 몰랐던 것이다. 아버지는 침착하게 말했다.

"그래서 미리 정리하자는 거야. 지배구조라는 걸 제대로 만들어 놔야 한다."

"지배구조요?" 민준이 되물었다.

"주주와 이사회, 경영진이 각각 어떤 역할을 하고, 어떻게 협력할지를 정하는 거다. 이게 명확하지 않으면 나중에 큰 문제가 생긴다."

가족들은 아버지가 알아본 변호사와 세무사를 만났다. 전문가들의 설명을 듣고 나서야 민준은 상황의 복잡함을 깨달았다.

"현재 지분 구조로는 상속세 부담이 상당할 것 같습니다. 미리 증여를 통해 분산하는 것을 고려해 보세요. 그리고 경영권과 소유권을 분리해서 생각하셔야 합니다. 지분을 똑같이 나눠 가지면 의사결정에 문제가 생길 수 있어요."

집으로 돌아오는 길에 아버지가 말했다.

"유언장 하나만 써 놓으면 될 줄 알았는데, 생각보다 복잡하구나."

현실을 마주한 민준은 그날 밤, 받아온 자료들을 펼쳐 놓고 있었다. 복잡한 세법과 지분 구조 도표들이 그를 압도했다.

'경영권을 갖는다는 게 이런 뜻이었구나.'

단순히 회사를 물려받는 것이 아니라, 가족들의 이해관계를 조율하고 법적 문제들을 해결해야 하는 일이었다. 누나와 작은아버지의 표정이 떠올랐다. 그들도 나름의 기대와 걱정이 있을 것이다.

민준은 깊은 한숨을 쉬었다. 아버지의 말씀이 새삼 와닿았다.

"네가 진심으로 회사를 맡겠다는 의지가 있다면, 이런 문제들을 하나씩 풀어나갈 수 있을 거다. 하지만 미리 준비하지 않으면 나중에 후회하게 된다."

민준은 이제야 가업승계가 단순한 재산 상속이 아니라는 것을 온몸으로 느끼기 시작했다.

[전문가 Talk: 상속 계획과 지배구조의 중요성]

민준이 느끼는 불안과 고민은 가족기업 승계에서 흔히 경험하는 이슈다. 가족 간 지분 분배와 경영권 갈등, 그리고 상속세나 증여세 등 재정적 부담을 어떻게 준비하느냐에 따라 기업의 미래가 결정될 수 있다.

■ **상속 계획의 핵심 요소**

상속 계획은 단순히 재산을 나누어 주는 것이 아니다. 기업의 지속 가능한 성장을 위한 토대를 마련하는 핵심 작업이다. 성공적인 상속 계획을 위해서는 다음 세 가지가 반드시 고려되어야 한다.

첫째, 지배구조의 명확화다. 주주, 이사회, 경영진 등 각 구성원의 역할과 권한이 명확하게 분담되어야 한다. 특히 실제 소유자와 명의상 소유자가 다른 명의신탁 같은 문제가 있다면 반드시 정리해야 한다. 이런 불분명한 소유 구조는 승계 과정에서 예상치 못한 분쟁의 씨앗이 될 수 있기 때문이다.

둘째, 세무 전략의 수립이다. 전문 변호사와 세무사의 조언을 받아 지분 분배와 상속·증여세 문제를 사전에 철저히 검토해야 한다. 세금 때문에 기업을 매각해야 하는 상황을 피하려면 미리 준비가 필수다.

셋째, 가족 간 합의와 소통 체계 구축이다. 민준 가족처럼 각자의 이해관계가 다를 수 있으므로 투명한 소통과 합의 과정이 필요하다. 기업가 정신, 경영 철학, 네트워크 등 무형 자산 전수도 이런 신뢰 관계가 바탕이 되어야 가능하다.

핵심은 사전 준비와 예방이다. 철저한 상속 계획과 명확한 역할 분담을 통해 승계 후 발생할 수 있는 경영권 분쟁이나 가족 간 갈등을 미리 차단하는 것이 가장 중요하다. 이는 기업이 다음 세대와 함께 지속적으로 성장할 수 있게 하는 핵심 열쇠가 된다.

[이론 편]

1. 상속 계획 수립의 출발점 : 현재 상황 진단

민준 가족이 경험한 것처럼 상속 계획의 첫 단계는 현재 상황을 정확히 파악하는 것이다. 상속 계획을 세우기 전에 반드시 점검해야 할 4가지 요소가 있다.

첫째, 현재 지분 구조는 어떻게 되어 있는가? 누가 회사 지분을 얼마나 가지고 있는지, 명의신탁 등 숨겨진 소유 구조는 없는지 확인해야 한다. 실제 소유자와 명의상 소유자가 다르면 승계 과정에서 예상치 못한 문제가 발생할 수 있다.

둘째, 가족 구성원들의 이해관계는 무엇인가? 민준 가족처럼 각자의 입장이 다를 수 있다. 후계자는 경영권을 원하고, 다른 가족들은 지분이나 안정적인 수익을 원할 수 있다. 이런 서로 다른 기대와 요구 사항을 미리 파악해야 한다.

셋째, 우리 기업의 가치는 얼마나 되는가? 정확한 기업 가치를 모르면 상속세 부담을 예측할 수 없고, 가족 간 지분 분배도 공정하게 할 수 없다.

넷째, 상속세·증여세 부담은 어느 정도인가? 기업 가치에 따라 세금 부담이 크게 달라진다. 세금 때문에 회사를 팔아야 하는 상황이 생기지 않도록 미리 준비해야 한다.

2. 상속 계획의 핵심 : 시간을 확보하라

현재 상황을 파악했다면, 다음으로 중요한 것은 충분한 준비 시간을 확보하는 것이다. 성공적인 가업승계를 위해서는 절대적으로 시간이 필요하다.

■ 가업승계의 두 가지 함정 : 안일한 방치와 성급한 처리

현재 가업승계에서 자주 발생하는 문제는 두 가지 극단으로 나뉜다. 하나는 '언젠가는 해야지' 하며 안일하게 미루는 것이고, 다른 하나는 '빨리빨리 처리해야지' 하는 성급함이다.

미루기의 부작용: '아직 이르다', '나는 건강하다'라는 생각으로 상속 계획을 계속 미루다가 갑작스러운 상황이 발생하면 준비할 시간이 없어진다. 이런 경우 가족들은 혼란 속에서 급하게 결정을 내려야 하고, 결국 성급한 처리라는 또 다른 문제로 이어진다.

성급한 처리의 부작용: 반대로 상속세 부담이나 급변하는 상황 때문에 서둘러 처리하려다 보면 여러 문제가 발생한다. 기업 가치를 제대로 평가하지 못한 채 급매로 손해를 보거나, 후계자가 준비되지 않은 상태에서 무리한 승계가 이루어진다. 또한, 세무 최적화 기회를 놓치고 과도한 세금을 부담하거나, 가족 간 충분한 협의 없이 진행되어 갈등이 심화되기도 한다.

결국 두 극단 모두 기업 가치 훼손과 가족 갈등이라는 같은 결과를 낳는다. 이것이 바로 적절한 타이밍과 충분한 준비 기간이 필요한 이유다.

가업승계는 단순한 직렬적 구조가 아니다. 이어달리기에서 다음 주자가 선행 주자의 마지막 구간에 맞춰 함께 달리기를 시작하는 것처럼, 가업승계 과정에서도 병렬적으로 함께 경영하는 기간이 필요하다.

- 후계자의 역량 개발과 경험 축적 – 경영 노하우를 체득하는 데 시간 필요
- 무형자산의 체계적 전수 – 기업 문화, 네트워크, 경영 철학 등의 전달
- 가족 간 충분한 소통과 합의 – 이해관계 조율과 갈등 해결
- 세무 전략의 단계적 실행 – 증여세 절약을 위한 단계적 지분 이전
- 조직과 시스템의 체계화 – 후계자가 경영하기 쉬운 체계 구축

3. 우리 회사는 얼마의 가치가 있을까?
: 기업 가치 평가의 필요성

시간을 확보하는 것만큼 중요한 것이 정확한 기업 가치를 파악하는 것이다. 민준이 아버지 사무실에서 "이 모든 게 과연 얼마나 될까?"라고 궁금해했던 것처럼 승계 계획의 출발점은 정확한 기업 가치를 아는 것이다.

왜 기업 가치를 정확히 알아야 할까?

단순히 현재 가치만 아는 것이 아니라, 시간을 두고 기업 가치를 체계적으로 관리하고 발전시켜 나가는 것이 중요하다.

■ 기업 가치 평가가 필요한 이유들:

① **상속세·증여세 부담 계산:** 세법상 기업 가치에 따라 세금이 결정됨

② **가족 간 공정한 지분 분배:** 객관적 기준이 있어야 합리적 분배 가능

③ **후계자 역량 개발 목표 설정:** 물려받을 기업 규모에 맞는 준비 필요

④ **승계 시점 결정:** 기업 가치 변화를 보고 최적 타이밍 판단

⑤ **장기적 가치 향상 전략 수립:** 승계 전까지 기업 가치를 어떻게 키울 것인가

■ 장기적 관점에서의 가치 관리

무형자산 전수에 시간이 필요하듯이 기업 가치 역시, 시간을 두고 체계적으로 관리하고 향상시킬 수 있다.

3~5년 장기 계획의 예시:
- 1년 차: 현재 가치 정확한 평가 + 가치 향상 전략 수립
- 2~3년 차: 수익성 개선, 조직 체계화, 후계자 역량 개발
- 4~5년 차: 최적 승계 시점 선택, 세무 효율화 실행

이렇게 하면 단순히 '현재 얼마'에서 그치지 않고 '승계 시점에는 얼마로 만들 것인가?'라는 전략적 접근이 가능하다.

■ 가치 평가는 출발점, 가치 향상이 목표

민준 아버지의 40년 경영 노하우와 네트워크가 하루아침에 만들어진 것이 아니듯이, 기업 가치 역시 시간을 두고 체계적으로 키워 나갈 수 있다. 중요한 것은 '지금 당장 얼마'가 아니라 '승계할 때까지 어떻게 발전시킬 것인가'라는 장기적 시각이다.

4. 무엇을 유산으로 남길 것인가?

기업 가치 평가를 마친 후에는 '무엇을 어떻게 물려줄 것인가'라는 본질적 고민이 필요하다. 민준이 공장 자료와 기

술 노트를 보며 부담을 느끼는 것도, 결국 이 무형 자산들을 어떻게 전수할지 고민하기 때문이다.

■ 유산의 두 가지 형태

첫째, 재산적 가치를 측정할 수 있는 자산

- 현금, 부동산, 기업의 주식, 지분
- 처분이 가능한 재산권 등

둘째, 무형 가치는 분명하지만 측정이 어려운 자산

- 기업가 정신, 경영 철학 (민준 아버지의 '금속의 진실성')
- 네트워크 (40년간 쌓아온 협력사 관계)
- 기업 내 축적된 문화나 지식 (기술 노하우, 품질 관리 체계)

■ 무형 가치 전수의 시간적 특성

여기서 앞서 강조한 '시간 확보'의 중요성이 다시 드러난다. 재산적 가치는 법적 절차를 통해 비교적 빠르게 이전할 수 있지만, 기업가 정신이나 경영 노하우, 협력사와의 신뢰 관계 등은 하루아침에 물려줄 수 없다.

민준의 아버지가 강조한 '금속의 진실성' 같은 경영 철학이나, 40년간 쌓아온 협력사 네트워크를 제대로 전수하려면 최소 3~5년의 시간이 걸린다. 이것이 바로 상속 계획을 미리 세워야 하는 핵심 이유이며, 2번에서 강조한 시간 확보의 구체적인 근거가 된다.

5. 기업 가치 평가의 세 가지 방법

회사의 가치를 평가하는 방법은 크게 3가지가 있다. 각각의 개념과 특징을 이해해 보자.

■ **방법 1 : 수익 가치법 개념**
"우리 회사가 앞으로 얼마나 돈을 벌 수 있을까?" 미래에 벌어들일 수익을 현재 가치로 환산해서 계산하는 방식

> **예시:** 민준 회사가 매년 안정적으로 15억 원의 순이익을 낸다면, 향후 5년간의 수익을 현재 가치로 환산해서 기업 가치를 산정
> - **장점:** 회사의 실제 돈 버는 능력을 반영
> - **단점:** 미래 예측이 어렵고, 가정에 따라 결과가 크게 달라짐.

■ **방법 2: 상대 가치법 개념**

"우리와 비슷한 회사들은 얼마에 거래되고 있을까?" 비슷한 업종, 비슷한 규모의 다른 회사들과 비교해서 추정하는 방식

예시: 민준 회사와 비슷한 금속 가공업체들이 매출의 0.5배 정도로 거래된다면, 민준 회사도 그 기준을 적용해서 가치 산정
- **장점**: 간단하고 직관적, 시장에서 실제 거래되는 가격 반영
- **단점**: 정확히 비슷한 회사를 찾기 어려움.

■ **방법 3: 청산 가치법 개념**

"지금 당장 회사를 문 닫고 모든 걸 팔면 얼마가 남을까?" 회사의 모든 자산을 개별적으로 매각할 때의 순액을 계산하는 방식

예시: 민준 회사의 건물, 기계, 재고 등을 모두 팔고 빚을 갚았을 때 남는 금액
- **장점**: 최악의 상황에서도 확보할 수 있는 최소 가치

- **단점:** 실제 경영 가치보다 훨씬 낮게 평가됨.

■ **종합 평가의 중요성**

실제로는 세 가지 방법을 모두 고려해서 종합적으로 판단한다. 각 방법마다 다른 결과가 나올 수 있기 때문에, 이를 종합해서 합리적인 가치 범위를 설정하는 것이 중요하다.

민준처럼 "우리 회사가 정말 가치 있는 건가?"라는 의문이 들 때, 이런 객관적인 평가를 통해 회사의 현재 위치를 파악하고 미래 계획을 세울 수 있다.

가장 중요한 것은 이런 가치 평가를 바탕으로 현실적이고 구체적인 상속 계획을 세우는 것이다. 그리고 이 모든 과정에는 충분한 시간이 필요하다는 점을 잊어서는 안 된다. 그래야 민준 가족처럼 갑작스러운 갈등에 휘말리지 않고, 체계적으로 가업승계를 준비할 수 있다.

제 3 장

내 것인 듯, 내 것 아닌 기업
(명의신탁 문제)

[전문가 Talk: 명의신탁 정리의 복잡성과 종합적 접근]

[이론 편]

1. 명의신탁 정리와 가업승계의 세금 구조 이해
2. 가업승계 시 고려해야 할 세금의 종류와 특성
3. 종합적 절세 계획의 수립과 실행
4. 지속적 관리의 중요성

며칠 후 민준은 회사 서류를 정리하던 중 우연히 '명의신탁'이라는 단어와 마주쳤다. 설립 초기의 기억이 떠올랐다. 발기인 수를 충족시키기 위해 친척이나 지인의 이름을 빌려 주식을 등록했던 일 말이다.

아버지는 평소처럼 담담하게 설명했다.
"그때는 법적으로 발기인이 여러 명 필요했어. 사실 내 돈이었지만, 형식상 이름만 빌린 거지."
그러나 시간이 흐르면서 그 명의로 등록된 주식들은 실제 소유권과 다르게 남아 있는 상황이 벌어졌다. 일부 지인은 연락이 잘 되지 않거나, 때로는 그 주식이 자기 것이라고 주장할 수도 있는 모호한 상태였다.

■ 숨겨진 폭탄, 명의신탁 문제

민준은 서류를 뒤적이며 한숨을 쉬었다. "이런 게 또 있었나?" 예상치 못한 복잡함에 머리가 아팠다.
"회사가 정말 누구 건지도 불분명한데, 내가 대표가 되면 다른 주주들이 문제 제기하지 않을까?" 이런 애매한 상황이 나중에 큰 싸움으로 번질 수도 있겠다는 생각이 들었다.

아버지는 이 문제를 신속히 해결할 필요가 있다고 결심했다.

"빨리 주주 명단을 정리하고, 필요한 법적 절차를 밟아야겠다."

아버지의 말씀에는 오래전부터 쌓인 문제를 해결하고 회사 운영의 투명성을 높이겠다는 의지가 담겨 있었다.

하지만 문제를 명확히 파악하려면 당시의 계약 서류와 관련 인물들의 협조가 모두 필요했다. 이미 몇 분은 돌아가셨고, 어떤 분은 캐나다로 이민을 가서 연락도 잘 안 되는 상황이었다. 명의신탁 문제를 완전히 풀어내려면 꽤 오랜 시간이 소요될 것으로 보였다.

민준은 걱정했다.

"만약 이 문제가 제대로 정리되지 않으면, 내가 대표가 되더라도 지분 구조가 불안정해져 회사 운영에 큰 영향을 줄 수 있겠구나."

하지만 아버지는 긍정적으로 바라봤다.

"이참에 깔끔하게 정리해 버리면, 오히려 회사가 더 투명해지고 승계 후에도 확고한 지배구조를 유지할 수 있다."

민준도 동의했다.

"어차피 언젠가는 해결해야 할 문제라면, 지금부터라도 준비하는 것이 낫겠다."

■ 뒤늦은 깨달음

그날 밤, 민준은 조용한 서재에서 회사 역사를 되짚어 보았다. 아버지가 이 문제를 미뤄온 것도 이해가 됐다. 하지만 지금 와서 보니 더 복잡해졌다.

"역시 일찍 정리했어야 했구나."

민준은 가업승계가 단순히 회사를 넘겨받는 게 아니라는 걸 또 한 번 깨달았다. 소유권부터 명확히 하지 않으면 아무것도 시작할 수 없다는 사실이 분명해졌다. 그는 이 문제를 확실히 해결해서 나중에 후회하지 않겠다고 마음먹었다.

[전문가 Talk: 명의신탁 정리의 복잡성과 종합적 접근]

민준이 발견한 명의신탁 문제는 단순히 소유권 정리만의 문제가 아니다. 이를 해결하는 과정에서 예상치 못한 세금 부담이 발생할 수 있고, 나아가 전체 가업승계 과정에서 심각한 재정적 타격을 입을 수 있다.

■ **명의신탁 정리의 숨겨진 복잡성**

여러 목적의 임시적 조치로 주식을 명의신탁해 놓은 경우, 명의신탁임이 드러나게 되면 증여의제를 통한 징벌 성격의 증여세를 부과 받게 된다.

이러한 주식은 명의신탁이 드러나지 않더라도 차후 상황을 바로잡기 위해 실제 소유자에게 돌려주는 과정이 필요한데, 증여의제에 따른 증여세 부과를 피하더라도 주식의 이전에서 증여세나 양도세 등을 고려하지 않을 수 없다.

더 큰 문제는 이런 불분명한 소유 구조를 그대로 둔 채 가업승계를 진행할 때이다. 갑작스러운 상속 상황에서 명의신탁 주식의 실제 소유권을 둘러싼 분쟁이 발생하면, 상속세 계산부터 복잡해진다.

■ **종합적 접근의 필요성**

명의신탁 문제는 가업승계 전체 과정과 맞물려 있어 단독으로 해결하기 어렵다. 정리 과정에서 발생하는 세금 부담, 향후 승계 시 고려해야 할 세무 전략, 그리고 장기적인 기업 운영까지 모두 연결되어 있다.

평가액 100억 원 규모의 기업이라면 상속세만 45억 원에 달할 수 있는데, 여기에 명의신탁 정리 과정에서 발생하는 증여세까지 더해지면 감당하기 어려운 수준이 될 수 있다.

시간 확보가 핵심이다. 민준처럼 미리 문제를 발견했다면 이는 위기이자 기회다. 급하게 처리하면 세금 부담이 커지고, 미루면 문제가 더 복잡해진다. 적절한 타이밍에 체계적으로 접근해야 가업을 안전하게 다음 세대에 물려줄 수 있다.

> [이론 편]

1. 명의신탁 정리와 가업승계의 세금 구조 이해

민준이 발견한 명의신탁 문제처럼, 이런 상황을 해결하는 과정에서 가장 먼저 이해해야 할 것은 가업승계 전체의 세금 구조다. 명의신탁 정리는 단순한 명의 변경이 아니라 복잡한 세금 문제의 시작점이기 때문이다.

■ **명의신탁과 세법의 관계**

세법에서는 명의신탁을 인정하지 않는다. 즉 명의자가 실질 소유자로 간주되며, 이를 실제 소유자에게 돌려주는 행위는 명의자가 실제 소유자에게 증여하는 것으로 본다. 이것이 명의신탁 정리 시 증여세가 발생하는 근본적인 이유다.

■ 가업승계 세금의 3단계 구조

가업승계 과정에서 발생하는 세금은 시점에 따라 3단계로 나뉜다.

① **정리 단계의 세금** – 명의신탁 정리 등 사전 정비 시 발생
② **승계 단계의 세금** – 실제 지분 이전 시 발생 (증여세/상속세)
③ **사후 단계의 세금** – 승계 후 처분 시 발생 (양도소득세)

이 3단계는 서로 밀접하게 연관되어 있어, 한 단계에서의 결정이 다른 단계의 세금 부담에 영향을 미친다.

2. 가업승계 시 고려해야 할 세금의 종류와 특성

■ 증여세: 계획적 승계의 핵심 도구

증여세는 자산을 무상으로 이전할 때 부과되는 세금으로, 상속세와 유사한 성격을 가지고 있지만, 납세 시점을 스스로 선택할 수 있다는 중요한 차이가 있다. 이로 인해 증여세는 계획적으로 활용하기 용이하며, 상황에 따라 유리한 방안을 선택할 여지가 많다.

- **증여세의 전략적 활용법:**
  - **시점 조절**: 기업 가치가 낮을 때 증여하여 세금 부담 최소화
  - **분할 증여**: 10년 단위로 나누어 증여하여 누진세율 완화
  - **특례 활용**: '가업승계 증여세 과세특례' 제도로 세금 부담 대폭 경감

증여세는 상속세를 보완하는 기능도 가지고 있다. 증여 시점의 평가된 가액을 기준으로 하고, 10년(직계존비속 간 5년) 동안의 증여액을 합산하여 상속세 과세 대상에 포함시킨다. 이러한 특성을 활용하면 증여 시점의 자산 가치를 확정할 수 있고, 일정 기간에 걸쳐 자산을 분산 이전하여 누진세율을 줄이는 절세 효과를 기대할 수 있다.

■ 상속세 : 예상치 못한 상황의 대비책

상속세는 자연인의 사망으로 인해 무상으로 이전된 재산을 과세 대상으로 하며, 피상속인의 유산 총액을 기준으로 과세한다. 우리나라는 유산세 방식으로 과세하며, 상속 재산 외에도 상속 개시일 이전 10년(직계존비속 간 5년) 동안의 증여 재산도 합산해 상속세 과세가액을 산출한다.

■ 상속세 부담이 특히 큰 이유 :

- **준비 시간 부족** : 갑작스러운 상황으로 절세 계획 실행 불가
- **재산 가치 고정** : 사망 시점의 높은 기업 가치로 세금 계산
- **현금 부족** : 상속세 납부를 위한 현금 확보의 어려움

만약 상속 시점 10년(5년) 이전에 자산을 충분히 이전하지 못했다면, 해당 자산은 상속세 과세 대상이 된다. 특히 '가업승계 증여세 과세특례'를 통해 증여된 재산은 기간 제한 없이 상속세 과세가액에 포함되므로, 선대 경영인이 가업 상속 공제를 고려한 상속세 계획을 수립하는 것이 중요하다.

■ 양도소득세 : 장기적 관점의 필수 고려사항

가업승계를 받은 후 승계 경영인이 다시 승계하거나 기업을 양도 또는 청산해야 할 시점까지의 장기적인 기간을 고려하면 이월되는 양도소득세를 반드시 검토해야 한다.

가업상속공제 혜택으로 상속세를 줄였더라도, 가업승계자가 이후 주식을 매각할 경우 선대 경영인의 주식 보유 기간 동안 발생한 재산 가치 상승분에 대해 양도소득세가 부

과된다. 이는 상속세가 과세되지 않은 자본 차익이 가업상속공제로 인해 영원히 비과세되는 것을 방지하는 보완 조치다.

■ **양도소득세 이월 과세의 메커니즘:**
- 승계 경영인이 주식을 양도할 경우 취득가액을 선대 경영인의 취득가액으로 계산
- 선대 경영인이 보유했던 자산의 자본 차익이 승계 경영인의 양도소득으로 이월 과세

3. 종합적 절세 계획의 수립과 실행

■ **단계별 절세 전략**

명의신탁 정리부터 최종 승계까지는 단계별로 다른 접근이 필요하다.

1단계: 명의신탁 정리 및 소유 구조 투명화 (1~2년)
- 명의신탁 현황 전면 조사
- 정리 시 세금 부담 최소화 방안 수립

- 가업승계 증여 특례 활용한 정리 방안 검토

2단계: 기업 가치 관리 및 승계 준비 (3~4년)

- 기업 가치 평가 및 관리
- 단계적 증여를 통한 세금 부담 분산
- 승계 시점 최적화 전략 수립

3단계: 승계 실행 및 사후관리 (5년~)

- 최적 승계 방법 선택 및 실행
- 사후 의무 사항 이행 관리
- 장기적 양도소득세 대비책 마련

■ **절세 계획 실행의 핵심 요소**

가업승계 절세 프로젝트는 준비와 현안 해결만으로 끝나는 것이 아니라, 이를 실제로 실행하고 효과를 발휘하도록 관리하는 과정이 매우 중요하다. "구슬도 꿰어야 보배"라는 말처럼 철저히 준비된 계획도 실행 단계에서의 세심한 관리 없이는 그 가치를 제대로 발휘하지 못한다.

첫째, 계획 실행의 관리와 모니터링

절세 플랜이 의도대로 진행되고 있는지 지속적으로 관리해야 한다. 특히 지원 세제와 관련된 사후 의무를 철저히 점검하고, 절세안 구조에서 중요한 실행 포인트들을 중점적으로 관리하는 것이 필요하다.

실제 관리 항목:
- 가업승계 후 일정 기간(5년) 동안 주된 업종 계속 유지
- 고용 유지 의무 준수 (승계 직전 대비 80% 이상)
- 정기적인 신고 의무 이행 (연간 사업 현황 파악)
- 지배구조 변경 관리 (변경에 따른 여파 점검)
- 자산 처분 제한 (대표이사로 취임 후 직접 경영 참여)

둘째, 내외부 변화에 따른 유연한 계획 수정

기업 경영 내부 환경이나 외부 조세 제도의 변화로 인해 초기 계획이 최적의 효과를 내지 못할 가능성이 있다. 이러한 변화에 대비하여 유연하게 계획을 수정하고, 상황에 맞는 대안을 마련할 수 있는 태도가 필요하다.

변화 대응 전략:
- 세법 개정에 따른 계획 재검토
- 기업 실적 변화에 따른 승계 시점 조정
- 가족 구성원 상황 변화에 따른 분배 방안 수정
- 시장 환경 변화에 따른 기업 가치 재평가

셋째, 납세 자금 대책의 검토와 확보

절세 플랜의 궁극적인 목적은 가업의 지속성과 가족 현금 흐름의 최적화를 이루는 데 있다. 따라서 세금 부담을 줄이거나 연기하는 계획을 실행하더라도, 실제 납부해야 할 자금이 준비되어야 한다.

납세 자금 확보 방안:
- 기업 배당을 통한 현금 확보
- 부동산 등 다른 자산 매각
- 연부연납 제도 활용
- 물납 제도 검토 (상속세의 경우)

4. 지속적 관리의 중요성

■ 전문가 지원의 필요성

명의신탁 정리와 가업승계는 세법, 상법, 민법이 복합적으로 얽힌 고도로 전문적인 영역이다. 중소기업의 경우 이러한 실행 과정을 정확하고 적시에 수행하기 어려울 수 있다.

전문가 협력 체계:
- 세무사: 세금 계산 및 신고, 절세 전략 수립
- 변호사: 명의신탁 정리, 법적 분쟁 해결
- 컨설턴트: 종합적 승계 전략 수립 및 실행 관리

전문성을 갖춘 외부 전문가의 도움을 받아 계획의 실행과 관리를 함께 진행하는 것이 바람직하다. 전문가는 변화하는 상황에 대한 조언을 제공하고, 실행 과정에서 발생할 수 있는 문제를 미리 예측하여 해결책을 제시할 수 있다.

■ 전략적 접근의 필요성

민준이 발견한 명의신탁 문제는 단순한 소유권 정리 차원을 넘어 가업승계 전체의 성공을 좌우하는 핵심 이슈다. 이 문제를 해결하는 과정에서 발생하는 세금 부담을 최소화하고, 향후 승계 과정에서의 위험을 줄이기 위해서는 종합적이고 장기적인 관점에서의 접근이 필요하다.

가장 중요한 것은 지금 당장 시작하는 것이다. 충분한 시간을 확보하여 체계적으로 계획을 수립하고 실행한다면, 세금 부담을 최소화하면서도 안정적으로 가업을 승계받을 수 있을 것이다.

제 4 장

진짜 하고 싶은 일, 그리고 선택의 갈림길

[전문가 Talk: 의사결정과 가치 평가, 매각 및 청산 전략]

[이론 편]

    1. 사업 확장의 판단 기준과 전략적 선택

    2. 사업 확장 전략의 유형과 실행 방안

    3. 확장 전략의 위험 관리

    4. 대안 전략의 검토와 세무적 고려 사항

    5. 전략적 인수합병의 활용 방안

    6. 의사결정 프레임워크와 실행 원칙

[참고] 인수합병 기본 절차

■ 민준의 고민, 그리고 새로운 가능성

"아버지, 제가 정말 이 회사를 꼭 물려받아야 하나요?"
민준은 어느 날 저녁 식사 자리에서 용기를 내어 물었다. 평소 환경·소재 분야에 관심이 많았던 그는 늘 자신의 길에 대한 고민이 깊었다. 스타트업을 해 보고 싶다는 생각도 있었지만, 가업승계를 당연시하는 가족의 기대가 부담스러웠다.

아버지는 잠시 말을 멈추더니, 의외로 차분하게 답했다.

"네가 정말 하고 싶은 일이 있다면, 억지로 물려받을 필요는 없어."

민준은 그 말에 놀라면서도 안도했다. 오랫동안 가업승계가 당연한 길이라고만 생각했는데, 아버지의 말은 새로운 가능성을 열어 주는 듯했다. 하지만 아버지는 곧이어 덧붙였다.

"하지만 쉽지 않은 선택이야. 우리 회사가 가진 기술력과 네트워크는 결코 작지 않거든. 여기서 네가 새로운 분야로 확장해 보는 것도 방법이지."

민준의 머릿속에는 금속 가공업을 기반으로 환경·신소재 쪽으로 사업을 확장하는 다양한 아이디어들이 떠올랐다.

한편, 가업승계 관련 전문가와 상담을 받은 후 민준은 새로운 사실을 알게 되었다. 최근에는 M&A나 제삼자 승계를 통해 기업을 외부에 넘기고 가족은 자산만 받는 경우도 많다는 것이었다. 여러 통계와 사례들을 접하며 "아, 정말 다양한 길이 있구나"라는 생각이 들었다.

■ 선택의 갈림길에서

집으로 돌아온 민준은 밤새 고민에 빠져 있었다. '아버지 회사에서 내가 새로운 길을 만들 수 있을까, 아니면 완전히 다른 방향으로 나가는 게 좋을까?' 두 가지 길 모두 매력적이면서도 부담스럽게 느껴졌다. 스스로의 역량을 믿고 도전해야 할지, 아니면 가족의 오랜 기반을 활용해야 할지 결정하기 어려웠다.

고민 끝에 민준은 하나의 결론에 도달했다. 자신의 교육과 기술, 그리고 아버지 회사가 쌓아온 자산이 시너지를 낼 수 있다면 그것이 최선의 길일 것이라는 생각이었다. '기존 사업을 기반으로 새로운 분야로 확장해 보자. 그게 아버지가 쌓아온 것도 살리고, 내 꿈도 실현하는 길이겠다.'

하지만 마음만으로는 안 된다는 것도 알고 있었다. 구체적으로 어떻게 사업을 바꿔나갈지, 가족들을 어떻게 설득

할지 준비해야 했다. 민준은 처음으로 자신만의 길을 찾은 기분이었다.

이제 그 길을 현실로 만드는 일만 남았다.

[전문가 Talk: 의사결정과 가치 평가, 매각 및 청산 전략]

민준이 고민하는 것처럼, 가업승계를 무조건 받아들이기보다는 기업의 가치와 자신의 의지를 종합적으로 고려해 선택하는 것이 현명하다. 가업승계를 포기하고 매각하거나 청산을 택하는 사례도 있고, 아예 새로운 사업으로 확장하는 길도 있다.

■ **다양한 선택지와 판단 기준**

민준처럼 후계자의 의지와 기업의 실질 가치를 함께 살펴보는 것이 핵심이다. 앞서 살펴본 가치 평가 방법을 통해 기업의 실질 가치를 면밀하게 분석하는 것이 필수적이다.

만약 기업의 가치가 높고, 후계자가 경영에 대한 열정과 역량을 갖추고 있다면 안정적인 승계가 유리할 수 있다. 반면, 가치 평가 결과가 승계에 적합하지 않거나 후계자의 의지가 부족한 경우에는 매각이나 청산과 같은 대안을 고려할 필요가 있다.

■ 매각과 청산의 고려 사항

매각 전략은 완전 매각, 분리 매각, 분할 설립, 분리 공개 등 다양한 방법으로 진행되며, 기업의 핵심 사업과 부수 사업을 각각 평가하고 최적의 현금화 효과를 도모한다. 이 과정에서는 세금 부담, 가족 간의 자산 분배 문제, 그리고 장기적인 경영 안정성 등을 함께 고려해야 한다.

이와 같은 평가와 전략적 선택은 민준이 '진짜 하고 싶은 일'을 선택하는 갈림길에서 중요한 판단 기준이 된다. 자신의 경험과 교육, 그리고 가족 기업이 쌓아온 유산을 토대로 최적의 의사결정을 내리기 위해서는 다양한 가치 평가와 매각 전략을 종합적으로 검토해야 한다.

핵심은 감정이 아닌 객관적 판단이다. 민준처럼 새로운 분야에 대한 열정이 있다면, 기존 사업을 기반으로 확장할 것인지 아니면 완전히 새로운 출발을 할 것인지를 냉정하게 판단해야 한다.

> [이론 편]

1. 사업 확장의 판단 기준과 전략적 선택

민준이 기존 사업을 기반으로 환경·소재 분야로 확장하겠다고 결심한 것처럼, 후계자가 직면하는 핵심 과제는 기존 사업을 어떻게 발전시킬 것인가에 대한 전략적 선택이다. 이때 가장 중요한 것은 객관적인 분석을 통해 최적의 방향을 결정하는 것이다.

사업 확장을 고려할 때는 세 가지 핵심 요소를 종합적으로 평가해야 한다. 첫째, 기존 사업의 가치와 성장 가능성이다. 현재 사업의 수익성과 시장 지위, 향후 성장 전망을 정확히 파악해야 한다. 둘째, 신사업 분야의 시장성과 진입 가능성이다. 목표 시장의 규모와 성장성, 경쟁 환경, 진입 장벽 등을 면밀히 분석해야 한다. 셋째, 기존 사업과 신사업 간의 시너지 효과다. 기술력, 고객층, 유통 네트워크 등에서 상호 보완적 효과를 창출할 수 있는지 평가해야 한다.

■ **기존 사업 기반 확장이 유리한 경우**

수익 가치 평가 결과 기존 사업이 안정적인 수익성을 보이고, 후계자가 새로운 분야에 대한 전문성과 열정을 갖추고 있으며, 두 사업 간 시너지 효과가 기대되는 경우 확장 전략이 유리하다. 특히 기존 사업의 기술력이나 고객 네트워크를 신사업에 활용할 수 있다면 경쟁 우위를 확보할 수 있다.

민준의 경우처럼 금속 가공 기술을 기반으로 친환경 소재 분야로 확장하는 것은 기술적 연관성이 높고, 기존 고객층의 환경 규제 강화로 인한 수요 증가를 활용할 수 있다는 점에서 매력적인 전략이다.

2. 사업 확장 전략의 유형과 실행 방안

사업 확장은 크게 세 가지 방식으로 추진할 수 있다. 각각의 특징과 장단점을 이해하고 기업 상황에 맞는 방식을 선택하는 것이 중요하다.

■ **유기적 성장**(Organic Growth)

기업 내부 자원을 활용하여 점진적으로 확장하는 방식이다. 기존 연구개발 조직을 확대하거나 새로운 제품 라인을 개발하여 시장에 진출한다. 초기 투자 부담이 상대적으로 적고 기업 문화와 운영 방식을 유지할 수 있다는 장점이 있다. 하지만 시장 진입까지 시간이 오래 걸리고, 기존 역량만으로는 한계가 있을 수 있다.

민준이 환경·소재 TF를 구성하여 시작하는 방식이 이에 해당한다. 기존 기술진의 역량을 바탕으로 새로운 제품을 개발하고, 기존 고객과의 관계를 활용하여 시장을 확대하는 접근법이다.

■ **전략적 제휴**(Strategic Alliance)

관련 기업이나 연구기관과 파트너십을 구축하여 공동으로 사업을 추진하는 방식이다. 상호 보완적인 역량을 결합하여 시너지를 창출할 수 있고, 위험을 분산할 수 있다는 장점이 있다. 대학 연구실과의 산학협력이나 기술력을 보유한 기업과의 합작 사업 등이 대표적이다.

■ **인수합병**(M&A)

관련 기업을 인수하거나 합병하여 빠르게 시장에 진입하는 방식이다. 즉시 기술력과 시장 지위를 확보할 수 있어 시간을 단축할 수 있지만, 초기 투자 비용이 크고 기업 문화 통합 등의 과제가 있다.

3. 확장 전략의 위험 관리

사업 확장에는 다양한 위험이 따른다. 이를 사전에 인식하고 관리 방안을 마련하는 것이 성공의 핵심이다.

- **시장 위험**: 신시장의 성장성이 예상보다 낮거나 경쟁이 예상보다 치열할 수 있다. 이를 대비해 단계적 진입 전략을 수립하고, 파일럿 프로젝트를 통해 시장 반응을 검증한 후 본격 투자를 결정하는 것이 바람직하다.
- **기술 위험**: 신기술 개발이 예상보다 어렵거나 오래 걸릴 수 있다. 기술 개발 로드맵을 세밀하게 수립하고, 외부 전문가나 연구기관과의 협력을 통해 위험을 분산해야 한다.
- **자원 위험**: 신사업에 집중하다가 기존 사업이 소홀해질

수 있다. 조직과 자원을 명확히 분리하고, 양쪽 사업 모두에 충분한 관심을 기울여야 한다.
- **재무 위험**: 초기 투자 비용이 예상보다 크거나 수익 창출이 지연될 수 있다. 충분한 자금 계획을 수립하고, 정부 지원 사업이나 외부 투자 유치 등 다양한 자금 조달 방안을 검토해야 한다.

4. 대안 전략의 검토와 세무적 고려 사항

모든 기업이 확장 전략을 선택해야 하는 것은 아니다. 기업과 가족의 상황에 따라서는 다른 전략이 더 적합할 수 있다. 따라서 확장 전략과 함께 대안 전략도 객관적으로 검토해야 하며, 이때 각 선택에 따른 세무적 영향도 중요한 판단 기준이 된다.

■ 확장 전략 시 세무 고려 사항

기존 사업을 유지하면서 신사업으로 확장하는 경우, 장기적인 세무 전략을 수립해야 한다. 신사업이 성공하여 기업 가치가 상승하면 그만큼 상속세 부담도 커지기 때문이다. 따라서 확장 전략을 추진하면서 동시에 단계적 증여 등을 통해 미래의 세금 부담을 분산시키는 방안을 검토해야 한다.

신사업 투자 자금 조달 내용에 따라서도 부담해야 할 세금 구조가 달라진다. 개인이 직접 투자하는 경우와 법인을 통해 투자하는 경우, 외부 투자를 유치하는 경우 등 각각의 세무적 특성을 이해하고 최적의 구조를 선택해야 한다.

■ 매각 후 신사업 창업의 세무 전략

주식을 양도하고 경영권을 제3자에게 넘기는 경우에 주식 양도소득세가 부과된다. 그러므로 기존 사업을 매각하여 자금을 확보한 후, 해당 자금을 자녀 세대로 이전하여 후계자가 원하는 분야에서 새롭게 창업하는 방식의 경우 세금 부담이 클 수 있다. 직관적으로 설명하면, 우선 매각 단계에서 1차로 주식이나 사업용 자산에 대한 양도소득세나 종합소득세가 부과되고, 해당 자금 이전 시점에 2차로 증여세나 상속세가 과세될 수 있어 '이중 부담'이 발생하기 때문이다.

따라서 이와 같은 부담을 줄이기 위해서는 사업 양도 거래의 구조와 순서를 신중하게 계획하고, 다양한 케이스를 검토하여 유리한 방안을 선택하는 것이 중요하다. 회사를 매각할 때 사용했던 간단한 절세의 예를 들어 보겠다. 2024년까지는 창업자의 주식을 배우자 등에게 증여하여 해당 주식의 취득가액을 올려놓고 양도하는 방식으로 미실현된 양도 차익을 증여 재산 공제를 통해 상쇄시키는 방법이 널리 사용되었다. 그런데 2025년부터 주식도 양도소득세 이월과세 대상 자산에 포함되어 기존의 절세 효과를 다 누리기는 어려워질 가능성이 크다. 하지만 이러한 개정에도 기간을 길게 설정하면, 세액 산출 시뮬레이션을 통해 유리함을 찾을 수 있을 것으로 보인다.

■ **청산 시 세무 고려 사항**

경우에 따라서는 사업을 유지하기보다는 기업의 자산을 나누어서 처분하는 것이 현금 흐름을 극대화할 수 있다면 청산이 바람직한 대안이 될 수 있다.

사업을 지속하지 않고 법인을 청산하여 소유 자산과 부채를 정리하는 경우에는 청산소득세와 배당소득세를 고려해야 한다. 청산소득세는 영리 내국법인이 해산함에 따라 발생하는 소득에 대해 법인세를 부과하는 것이며, 주주에게 배분된 금액 중 주주가 출자한 자본금을 초과하는 부분은 주주의 소득으로 간주되어 의제배당으로 처리된다.

이 경우 소득이 한 번에 몰리게 되어 고율의 세율로 과세될 수 있으므로, 청산을 계획할 때는 잉여금을 수년에 걸쳐 분배하여 소득을 분산시키는 방안을 고려하는 것이 세금 부담을 줄이는 데 유리하다.

■ 전문 경영인 체제 전환 시 세무 고려 사항

가족이 소유권은 유지하되 경영은 전문 경영인에게 맡기고, 후계자는 다른 분야에서 새로운 사업을 시작하는 방식이다. 이때 주식은 경영권을 승계하는 의미가 없고 그 자산으로서 의미만 갖는데, 최대주주의 경우 상속세를 납부하는 경우 금융재산 상속공제를 받을 수도 없으므로, 다른 금융자산보다 세금 부담이 더 할 수 있다.

하지만 후에 기업 경영에 복귀를 염두에 두고 있다면 해당 자산의 평가액이 최저로 판단되는 시점에 후대에 자산을 이전하고 재무관리를 통해 세금 납부 스케줄에 대해 고민해 볼 필요가 있다.

5. 전략적 인수합병의 활용 방안

민준처럼 기존 사업을 기반으로 새로운 분야로 확장하려는 경우, 기업 인수합병을 전략적 수단으로 활용할 수 있다. 가업승계를 검토하고 진행하는 과정에서 기업 인수합병은 다양한 목적과 방식으로 활용될 수 있다.

■ 인수합병의 전략적 활용

기업을 후계자에게 승계하는 것이 용이하지 않을 경우는 기업을 합리적인 가격으로 상대방에게 매각하고 자금을 확보하여 노후 자금으로 활용하거나 자녀들이 새로운 사업을 할 수 있는 사업 자금으로 활용이 가능하다. 또한, 가업승계가 이루어지고 후계자가 안정적인 경영을 할 수 있도록 회사의 역량을 강화하거나 성장 기반을 마련하기 위한 전략적인 수단으로 기업 인수합병을 활용할 수 있다.

특히 민준처럼 환경·신소재 분야로의 확장을 고려하는 경우, 관련 기술력을 보유한 회사를 인수하거나 합병을 통해 시너지를 창출할 수 있다.

■ 다양한 매각 전략

기업승계를 검토하거나 진행하는 과정에서 상황에 따라 기업의 매각을 통해 주력 업종이 아닌 부분을 매각하여 자금을 확보하거나, 기존 사업을 매각하여 새로운 분야에 투자하는 데 필요한 자금을 확보할 수 있다.

완전 매각은 기업이 자신의 자산, 부서, 또는 자회사를 완전히 매각하는 전략이다. 기업이 더 이상 특정 사업을 운영하지 않고자 할 때 사용되며, 매각 대금을 통해 부채를 줄이거나 핵심 사업에 집중할 수 있다.

분리 매각은 기업이 자산의 일부를 매각하는 전략으로, 자산의 일부를 유지하면서도 일부를 매각하여 자금을 조달하거나 비용을 절감할 수 있다. 핵심 사업은 유지하면서 비핵심 자산을 처분하는 방식이다.

분할 설립은 기업이 사업의 일부를 분리하여 새로운 법인을 설립한 후, 이를 제삼자에게 매각하는 방식이다. 기존 회사는 핵심 사업에 집중할 수 있고, 분할된 사업은 독립적으로 운영되거나 매각을 통해 현금화할 수 있다. 이 방식은 세무상 이점이 있을 수 있어 신중한 검토가 필요하다.

분리 공개는 기업이 사업부를 새로운 독립적인 기업으로 분리하여, 시장에서 주식을 공개하여 주주에게 배분하는 전략이다. 이를 통해 각 사업부의 가치를 시장에서 개별적으로 평가받을 수 있다.

6. 의사결정 프레임워크와 실행 원칙

전략적 선택을 위해서는 체계적인 의사결정 프레임워크가 필요하다. 감정이나 직감보다는 객관적 분석을 바탕으로 판단해야 한다.

■ **정량적 분석**

재무적 관점에서 각 전략의 수익성과 위험을 비교 분석한다. 기존 사업의 현재 가치와 미래 성장 가능성, 신사업의 시장 규모와 수익성 전망, 초기 투자 비용과 회수 기간 등을 객관적 지표로 평가한다.

특히 NPV(순현재가치) 분석을 통해 각 전략의 경제적 가치를 비교하고, 시나리오 분석을 통해 다양한 상황에서의 결과를 예측해 본다.

■ **정성적 분석**

숫자로 표현하기 어려운 요소들을 종합적으로 고려한다. 후계자의 역량과 의지, 기업의 핵심 역량, 시장 환경의 변화 트렌드, 가족의 가치관과 목표 등이 포함된다.

SWOT 분석을 통해 기업의 강점과 약점, 기회와 위협을 체계적으로 정리하고, 이를 바탕으로 최적의 전략을 도출한다.

■ **실행 원칙**

어떤 전략을 선택하든 성공적인 실행을 위해서는 몇 가지 원칙을 지켜야 한다. 충분한 준비 시간을 확보하고, 단계적으로 접근하며, 지속적으로 모니터링하고 필요시 수정하는 유연성을 유지해야 한다. 또한, 가족 구성원 간의 충분한 소통과 합의를 바탕으로 추진해야 한다.

민준이 가족회의를 통해 합의를 이끌어 낸 것처럼, 전략적 선택은 혼자만의 결정이 아니라 가족 전체의 미래와 연결된 중요한 결정이다. 따라서 객관적 분석과 함께 가족 간의 충분한 소통이 전제되어야 성공적인 결과를 얻을 수 있다.

[참고] 인수합병 기본 절차

- **1단계 : 전략 계획 수립**
  - 인수합병의 목적과 방향 설정
  - 대상 기업의 선정 기준 수립
  - 예상 시너지 효과 분석

- **2단계 : 예비 협상**
  - 초기 조건 및 가능성 타진
  - 기본적인 기업 정보 교환
  - 비밀 유지 계약(NDA) 체결

- **3단계 : 예비 실사**
  - 기본적인 재무 상태 점검
  - 사업 현황 및 전망 검토
  - 초기 가치 평가 실시

■ 4단계 : 인수 제안 및 **협상**

- 구체적 조건 협의
- 인수 가격 및 지급 방식 결정
- 기본 합의서(LOI) 체결

■ 5단계 : 정밀 실사

- 재무제표, 부채, 자산 등 세부 조사
- 계약서, 법적 분쟁, 노동 관련 사항 검토
- 지식재산권 등 무형자산 평가

■ 6단계 : 계약 체결

- 최종 합의 사항 문서화
- 인수합병 계약서 작성 및 서명
- 각종 승인 절차 이행

■ 7단계 : 대금 지급 및 거래 마무리

- 소유권 이전 완료
- 대금 지급 실행
- 관련 등기 및 신고 절차

■ 8단계 : 통합 과정

- 경영 시스템 및 조직 통합
- 인력 재배치 및 문화 통합
- 시너지 효과 실현을 위한 후속 조치

제 5 장
후계자, 그리고 기업가 정신

[전문가 Talk: 성공적인 후계자 양성의 핵심]

[이론 편]
1. 후계자 양성의 전략적 접근
2. 리더십 전환 과정의 이해와 관리
3. 기업 문화 계승과 혁신의 균형
4. 체계적 후계자 역량 개발 프로그램
5. 심리적 준비와 마인드셋 구축

■ 아버지와 아들, 그리고 가업의 미래

며칠 후, 아버지는 민준을 회사 사무실로 불러냈다. 회의실 한편에 걸린 '정직, 신뢰, 그리고 품질'이라는 문구가 눈에 띄었다. 아버지는 1세대 창업주답게 한 글자 한 글자에 의미를 담아 직접 만든 이 문구를 가리키며 조용히 말했다.

"우리 회사가 여기까지 올 수 있었던 건 바로 이 가치들 때문이란다."

아버지는 자신의 창업 시절을 떠올리며 계속했다.

"아버지가 창업할 때도 품질만큼은 절대 포기하지 않았단다. '대충 만들어도 팔리겠지' 하는 유혹이 많았지만, 그런 식으로는 오래 못 간다는 걸 알고 있었거든."

그의 말투는 단호하면서도 따스했다. 민준은 아버지의 이야기에 귀 기울이며 가족기업의 역사를 되새겼다. 그동안 당연하게 여겼던 회사의 가치들이 얼마나 많은 시행착오와 노력으로 만들어진 것인지 새삼 깨달았다.

그러던 중 아버지는 조심스레 말을 이었다.

"하지만 지금 시대는 달라. 새로운 시각과 혁신이 필요하단다. 네가 이 기업을 한 단계 업그레이드할 수 있다면, 우리 가족의 유산은 더욱 빛날 테니까."

민준은 자신이 공부해온 환경·소재 기술을 떠올리며 조심스레 제안했다.

"새로운 합금 소재나 친환경 공정을 도입하면 어떨까요?"

아버지는 그 제안을 긍정적으로 받아들이면서도 신중함을 잃지 않았다.

"좋은 생각이야. 다만, 당장 돈이 많이 들 테고, 시장에서 어떻게 받아들일지 먼저 알아봐야겠다."

두 사람의 대화는 저녁 식사 때 시작되어 점차 늦은 밤까지 이어졌다. 민준은 아버지의 도전 정신과 때로는 무모해 보일 정도로 과감한 결정들을 회상하며 깨달음을 얻었다.

승계란 단순히 회사를 물려받는 것이 아니라, 기존 가치를 지켜내면서도 새로운 비전을 더하는 일이다.

아버지는 여러 번의 도전과 실패를 겪으며 배운 것들이 결국 회사를 키우는 밑거름이 되었다고 솔직하게 말했다. 민준은 그 이야기를 들으며, 자신도 아버지처럼 과감하게 도전하되 자신만의 현대적인 감각과 기술을 더해 시너지를 내고 싶다는 생각에 사로잡혔다.

그날 밤, 민준은 조용히 회의실을 나서며 자신의 선택이 옳다는 확신이 들었다.

"내가 대표가 된다면, 아버지의 전통을 소중히 여기면서도 변화와 혁신을 이끌어 내야겠다."

그 다짐은 민준에게 앞으로의 경영에 대한 새로운 목표와 책임감을 부여해 주었다.

[전문가 Talk: 성공적인 후계자 양성의 핵심]

민준과 아버지의 대화에서 보듯이, 성공적인 가업승계는 단순히 기업을 물려주는 것이 아니라 기존 가치를 지키면서 새로운 비전을 더하는 과정이다.

■ 현실적인 후계자 선발 상황

실제 가족기업에서는 민준처럼 후계자가 명확한 경우보다는, 여러 자녀 중 누구를 선택할지 고민하는 상황이 더 많다. 예를 들어, 민준에게 경영학을 전공한 형과 해외 마케팅 경험을 가진 누나가 있다면? 각각 경영 이해도, 글로벌 감각, 기술 혁신이라는 서로 다른 강점을 가진 상황에서 누구를 후계자로 선택해야 할까?

이때는 출생 순서가 아닌 종합적 평가가 필요하다.
- 기존 사업 이해도와 새로운 분야 전문성의 균형
- 자발적인 승계 의지

- 가족 구성원들과의 협력적 관계

■ **여러 해결안**
- **역할 분담을 통한 시너지**: 한 명이 CEO를 맡고 다른 형제자매가 각자 전문 분야(기술, 마케팅 등)의 이사로 참여하는 방식도 효과적이다.
- **외부 전문가 활용**: 후계자 선발 위원회나 사외 전문가를 통해 객관적이고 체계적인 평가를 진행해야 한다.
- **순환 교육 프로그램**: 민준처럼 외부 경험(스타트업 근무 등)을 통해 최신 트렌드를 익힌 후 가업에 접목하는 교육이 효과적이다.

핵심은 창업주의 기업가 정신을 계승하면서도 시대에 맞는 새로운 역량을 갖춘 후계자를 양성하는 것이다.

> [이론 편]

1. 후계자 양성의 전략적 접근

가업승계는 가족기업에서 기업의 성패를 좌우하는 핵심 요소로, 오랜 기간에 걸쳐 체계적으로 진행해야 할 여정이다. 성공적인 승계를 위해서는 후계자 선정과 교육이 무엇보다 중요하다.

■ 가족기업 후계자가 직면하는 특수한 도전

가족기업은 일반 기업과 달리 기업 리더와 가족 내 구성원이라는 이중 역할을 요구한다. 새로운 기술 분야에 관심을 가진 후계자라면, 기존 사업에 대한 존중과 혁신에 대한 열정을 균형 있게 조화시킬 수 있는 능력이 필요하다.

특히 가족기업의 후계자는 일반 기업의 전문 경영인과 달리 복합적 상황에 직면한다. 가족 내 관계에서 오는 정서적 부담을 관리해야 하며, 형제자매 간 경쟁이나 세대 간 가치관 차이, 그리고 가족 구성원들의 서로 다른 기대를 조율해야 하는 어려움이 있다.

또한, 기업 내에서는 '창업주의 자녀'라는 선입견을 극복하고 직원들로부터 진정한 리더로 인정받아야 한다. 이는 능력으로만 평가받는 외부 영입 경영진보다 훨씬 복잡한 과제다.

■ 기업 영속성과 사회적 책임의 무게

현대 사회에서 가족기업의 후계자는 단순한 경영 승계를 넘어 더 큰 책임을 져야 한다. 창업주가 일궈낸 기업 가치와 문화를 보존하면서도, 급변하는 시장 환경에 맞는 혁신을 동시에 추진해야 한다.

핵심 가치는 지키되, 새로운 분야로의 확장도 고려해야 하는 것이다. 이는 전통과 혁신이라는 상반된 요구를 동시에 만족시켜야 하는 고도의 균형 감각을 요구한다.

더불어 기업의 규모가 커질수록 사회적 영향력도 증가하므로, 후계자는 기업의 사회적 책임까지 고려한 의사결정을 내려야 한다. 단순히 수익 창출을 넘어 지역사회 기여, 환경 보호, 윤리 경영 등 다차원적 리더십이 필요한 시대다.

2. 리더십 전환 과정의 이해와 관리

■ 창업주 리더십과 후계자 리더십의 차이

창업주의 리더십은 대체로 카리스마적이고 직관적인 특성을 보인다. 오랜 경험을 바탕으로 한 빠른 의사결정과 강력한 추진력이 특징이다. 반면 후계자는 보다 체계적이고 협력적인 리더십을 발휘해야 하는 경우가 많다.

이러한 차이는 갈등의 원인이 될 수도 있지만, 잘 관리하면 기업에 새로운 활력을 불어넣을 수 있다. 후계자는 창업주의 강점을 학습하면서도 자신만의 리더십 스타일을 개발해야 한다.

■ 세대 간 리더십 스타일 변화 관리

리더십 전환 과정에서는 세대 간 가치관과 경영 방식의 차이를 효과적으로 관리하는 것이 중요하다. 창업주 세대는 안정성과 검증된 방법을 선호하는 반면, 후계자 세대는 혁신과 변화를 추구하는 경향이 있다.

이런 차이를 조화시키기 위해서는 충분한 소통과 상호 이해가 필요하다. 창업주는 후계자의 새로운 아이디어를 수용할 준비가 되어야 하고, 후계자는 기존 방식의 가치를 인정하며 점진적인 변화를 추구해야 한다.

■ 조직 내에서 후계자가 인정받는 과정

후계자가 조직 내에서 진정한 리더로 인정받기 위해서는 체계적인 접근이 필요하다. 단순히 지위를 승계받는 것이 아니라, 실력과 인품으로 직원들의 신뢰를 얻어야 한다.

이를 위해서는 다양한 부서에서 실무 경험을 쌓고, 어려운 프로젝트를 성공적으로 이끌어 내며, 직원들과의 소통을 강화해야 한다. 특히 기존 베테랑 직원들과의 관계 구축이 중요하다.

■ 기존 임직원과의 관계 구축 전략

후계자는 기존 임직원들과 건설적인 관계를 구축해야 한다. 이들은 기업의 핵심 자산이며, 이들의 협력 없이는 성공적인 리더십을 발휘하기 어렵다.

관계 구축의 핵심은 상호 존중과 신뢰다. 후계자는 기존 직원들의 경험과 노하우를 인정하고, 그들의 의견을 적극적으로 수렴해야 한다. 동시에 자신의 비전을 명확히 제시하고, 함께 성장할 수 있는 기회를 제공해야 한다.

3. 기업 문화 계승과 혁신의 균형

■ 기업 DNA 보존과 변화 추진의 조화

가족기업의 후계자가 직면하는 가장 큰 도전 중 하나는 기업의 핵심 가치를 보존하면서도 필요한 변화를 추진하는 것이다. 기업 DNA는 오랜 시간에 걸쳐 형성된 조직의 정체성으로, 함부로 바꿀 수 없는 소중한 자산이다.

하지만 시장 환경이 급변하는 상황에서 변화 없는 보존은 곧 퇴보를 의미한다. 후계자는 어떤 것을 지키고 어떤 것을 바꿀지에 대한 명확한 기준을 가져야 한다.

일반적으로 기업의 핵심 가치와 철학은 보존하되, 이를 실현하는 방법과 수단은 시대에 맞게 혁신해야 한다. 예를 들어, 품질에 대한 철학은 유지하되 품질관리 방법은 최신 기술을 도입하여 개선하는 것이다.

■ 가치관 기반 의사결정 체계 구축

후계자는 기업의 핵심 가치를 바탕으로 한 의사결정 체계를 구축해야 한다. 이는 복잡한 상황에서도 일관된 판단을 내릴 수 있게 해 주는 나침반 역할을 한다.

가치관 기반 의사결정 체계는 단순한 규칙이 아니라, 조직 구성원들이 공유하는 신념과 원칙이어야 한다. 이를 위해서는 정기적인 소통과 교육을 통해 가치관을 내재화하는 과정이 필요하다.

■ 차세대를 위한 기업 문화 재정립

후계자는 기존 문화를 계승하면서도 차세대가 공감할 수 있는 새로운 문화 요소를 더해야 한다. 특히 젊은 세대가 추구하는 가치인 일과 삶의 균형, 개인의 성장, 사회적 의미 등을 기업 문화에 반영해야 한다.

이는 기존 문화를 부정하는 것이 아니라, 시대 변화에 맞게 발전시키는 것이다. 예를 들어, 가족 같은 분위기라는 전통적 가치를 유지하되, 수평적 소통과 창의적 사고를 장려하는 요소를 추가하는 것이다.

■ 전통과 혁신의 조화 방안

전통과 혁신의 조화는 가족기업 후계자의 핵심 역량 중 하나다. 이를 위해서는 먼저 무엇이 기업의 본질적 가치인지 명확히 파악해야 한다.

본질적 가치는 변하지 않는 기업의 정체성이며, 이는 반드시 보존해야 할 요소다. 반면 이 가치를 실현하는 방법과 수단은 시대에 맞게 계속 혁신해야 한다.

성공적인 조화를 위해서는 점진적 접근이 효과적이다. 급격한 변화는 조직에 혼란을 가져올 수 있으므로, 작은 실험부터 시작하여 성과를 확인한 후 확대하는 방식이 바람직하다.

4. 체계적 후계자 역량 개발 프로그램

■ 후계자에게 요구되는 4가지 핵심 역량

성공적인 후계자가 되기 위해서는 네 가지 핵심 역량을 갖춰야 한다.

첫째, 기본 역량과 자질이다. 후계자가 가족 구성원과 기업 내 이해관계자들에게 신뢰를 얻을 수 있는 능력과 의지를 포함한다. 후계자가 새로운 경영자로서 신임과 정당성을 확보하려면 개인적인 능력이 충분히 입증되어야 하며, 기업의 지속적인 성장을 이끌어 갈 비전과 동기를 갖추고 있어야 한다.

둘째, 지식·업무 역량이다. 기업의 핵심 기술과 관련된 지식, 조직 내 업무 처리 능력, 그리고 업무와 관련된 행동 양식과 태도를 포함한다. 후계자는 기업의 전반적인 업무를 명확히 이해하고, 경영에 필요한 전문성을 갖춰야 한다.

셋째, 네트워크 역량이다. 후계자가 외부와의 교류를 통해 다양한 정보를 수집하고, 이를 효과적으로 활용할 수 있는 능력을 말한다. 특히 혁신적인 후계자라면 기존 업계뿐만 아니라 새로운 분야의 네트워크도 구축해야 한다.

넷째, 가족관계 역량이다. 가족 구성원 간의 조화와 협력을 바탕으로 한 관계 형성을 의미한다. 성공적인 승계를 위해서는 가족 구성원 모두가 후계자의 능력과 역할을 인정해야 한다.

■ 4단계 후계자 교육 훈련 모델

체계적인 후계자 양성을 위해서는 단계별 교육 훈련 프로그램이 필요하다.

1단계는 순환 및 교환 교육 훈련이다. 후계자는 기업 외부에서 일반 경영 기술을 익히는 것이 중요하다. 동종 업계나 유사한 기업에서 일반 직원으로서 근무하며 실무를 경험하거나, 다른 가족기업에 파견되는 방식도 좋은 방법이다. 이러한 경험은 후계자가 자기 관리 능력과 대인관계 기술을 기르는 데 도움이 된다.

2단계는 내부 학습이다. 후계자가 승계받을 기업 내에서 기업의 가치관과 문화를 학습하는 데 중점을 둔다. 이 과정은 기업에 속해 있다는 자부심을 느끼고, 기업의 철학과 목표를 깊이 이해하며, 조직 문화와 환경을 개선할 수 있는 능력을 기르는 데 초점이 맞춰진다.

3단계는 기업 경영 학습이다. 후계자는 기업을 장수 기업으로 이끌어 가기 위한 통찰력과 리더십을 배우게 된다. 이 과정에서 변혁적 리더십과 거래적 리더십을 익히며, 비전 설정, 목표 달성, 조직 관리, 공동 가치 공유 등 경영 전반에 필요한 능력을 개발한다.

4단계는 은퇴 계획 수립이다. 후계자는 미래에 승계를 이어갈 준비를 미리 하고, 장기적인 계획 아래 은퇴 관리 시스템을 구축한다. 이 단계에서는 은퇴 후에도 기업의 영속성을 유지할 수 있도록 다음 세대를 위한 체계적인 승계 시스템을 개발한다.

5. 심리적 준비와 마인드셋 구축

■ 후계자로서의 부담감 극복

가족기업의 후계자는 독특한 심리적 부담을 경험한다. 창업주의 성취에 대한 부담감, 가족과 직원들의 기대에 대한 압박감, 그리고 실패에 대한 두려움 등이 복합적으로 작용한다.

이런 부담감을 건설적으로 관리하기 위해서는 먼저 자신만의 정체성을 확립해야 한다. 창업주의 그림자에서 벗어나 독립적인 리더로서의 자신감을 기르는 것이 중요하다.

또한, 완벽함에 대한 강박에서 벗어나야 한다. 실수와 실패는 성장의 과정이며, 이를 통해 배우고 발전할 수 있다는 마인드셋이 필요하다.

■ 의사결정 자신감 구축

후계자는 복잡하고 어려운 의사결정을 내려야 하는 상황에 자주 직면한다. 이때 필요한 것이 의사결정에 대한 자신감이다.

의사결정 자신감은 하루아침에 생기는 것이 아니라, 작은 결정부터 시작하여 점차 큰 결정으로 확장해 가는 과정에서 축적된다. 따라서 후계자 교육 과정에서 다양한 의사결정 기회를 제공하고, 그 결과에 대해 피드백을 받을 수 있는 환경을 만드는 것이 중요하다.

■ 장기적 비전 수립 능력

가족기업은 단기적 성과보다는 장기적 지속 가능성이 더 중요하다. 따라서 후계자는 장기적 관점에서 기업의 미래를 그려 볼 수 있는 능력을 갖춰야 한다.

비전 수립 능력은 현재의 상황을 정확히 파악하고, 미래의 변화를 예측하며, 이를 바탕으로 기업이 나아갈 방향을 설정하는 종합적 사고력을 요구한다. 이는 다양한 경험과 학습을 통해 점진적으로 개발될 수 있는 능력이다.

가업승계는 후계자의 역량 개발과 철저한 교육훈련이 필수적이며, 이를 통해 기업의 지속 가능성과 경쟁력을 강화할 수 있다. 가족기업이 단순히 생존을 넘어 존경받는 장수기업으로 성장하기 위해서는 후계자와 가족 구성원 모두가 승계 과정에 적극 참여하고 협력해야 한다.

제 6 장

시스템을 정비하라: 후계자의 첫 과제

[전문가 Talk: 체계적 기업 진단과 정부 지원 활용법]

[이론 편]

    1. 기업 진단과 구조 개선 방법

    2. 정부 지원 사업 활용 전략

[참고] 주요 정부 지원 사업

■ 직감에서 시스템으로

아버지는 30년 넘게 자신의 직감으로 회사를 운영해 왔다. 중요한 계약은 술자리에서 악수로 끝내고, 직원들과는 현장에서 직접 대화하며 결정을 내렸다. 덕분에 의사결정은 빠를 수 있었지만, 문서화는 뒷전이었다.

민준이 재무 자료를 살펴보던 중 충격적인 사실을 발견했다. 출장비, 접대비가 '기타'로 뭉뚱그려져 있고, 몇 달치 지출이 손 글씨 메모로만 기록되어 있었다. 더 큰 문제는 주요 협력 업체와의 계약서가 아예 없거나, 구두 약속으로만 진행된 거래가 여러 건 있다는 점이었다. 심지어 회사 자산 중 일부는 장부상 어디에도 기록되지 않은 상태였다.

"이런 식으로는 나중에 큰 문제가 될 수 있어요. 세무조사라도 받으면…."

"지금까지 잘해 왔는데 뭘 그렇게 복잡하게 해?"

"아버지, 그런데 제가 이 회사를 물려받아 경영하려면 최소한의 체계는 필요하지 않을까요? 은행 대출을 받거나 새로운 투자를 유치할 때도 이런 자료들이 꼭 필요해요."

아버지는 잠시 고민하더니 말했다.

"그래, 시대가 바뀌었지. 우리도 변해야 할 때가 왔나 보구나. 네가 한번 해 보렴."

■ 체계적인 변화의 시작

민준은 우선 가장 시급한 부분부터 손보기로 했다. 재무관리와 결재 시스템을 정비하는 것이었다. 하지만 어디서부터 어떻게 시작해야 할지 막막했다.

그때 대학 선배가 운영하는 중소기업에서 정부 지원을 받아 경영 시스템을 개선했다는 이야기가 떠올랐다. 민준은 중소기업진흥공단에 문의해 보니, 경영 진단 지원 프로그램이 있다는 것을 알게 되었다.

"전문가가 와서 우리 회사 상황을 객관적으로 진단해 준다면, 어떤 부분을 우선 개선해야 할지 명확해질 것 같아요."

진단 결과는 예상보다 심각했다. 재무관리뿐만 아니라 인사, 생산, 품질관리 등 여러 분야에서 체계화가 필요했다. 하지만 진단 전문가는 단계적 개선 방안도 함께 제시해 주었다.

■ 점진적 시스템 구축

민준은 진단 결과를 바탕으로 우선순위를 정했다. 첫 번째는 재무관리 체계였다. 5만 원 이상 지출은 반드시 승인을 받도록 하고, 모든 비용을 세부 항목별로 분류해서 기록하도록 했다. 각 부서에는 월 예산을 배정하고 책임을 명확히 했다.

두 번째는 주요 거래처와의 계약을 모두 서면으로 작성하는 것이었다. 기존에 구두로만 진행되던 거래들을 하나씩 정리해 나갔다.

직원들은 처음엔 불편해했다.

"번거롭기만 하네. 예전이 더 편했는데."

하지만 민준은 꾸준히 설득했다.

"조금만 참아 주세요. 이렇게 해야 나중에 회사가 더 성장할 수 있어요. 정부 지원 사업도 신청할 수 있고, 금융기관에서도 더 체계적인 평가를 받을 수 있거든요."

■ 변화의 성과

민준이 추진한 시스템 정비가 점차 가시적인 성과를 보이기 시작했다. 지출 내역이 투명해지니 예산 흐름을 한눈에 파악할 수 있었다. 불필요한 지출도 줄일 수 있었다.

무엇보다 직원들 간의 혼란이 줄어들었다. 거래처에서도 계약서를 통한 명확한 거래를 좋아했다.

회계 담당 김 과장이 말했다.

"처음엔 일이 늘어서 힘들었는데, 지금은 훨씬 속 시원해요. 모든 게 명확하거든요."

아버지도 인정했다.

"확실히 네가 하는 게 더 체계적이구나. 나도 이제 숫자로 회사 상황을 볼 수 있어서 좋다. 앞으로 정부 지원도 받을 수 있다니 기대가 되는군."

민준은 확신했다. 이런 체계적인 시스템이 앞으로 회사를 한 단계 성장시킬 발판이 될 것이라고. 다음 단계로는 생산성 향상을 위한 스마트 공장 구축도 검토해 볼 계획이었다.

[전문가 Talk: 체계적 기업 진단과 정부 지원 활용법]

민준처럼 창업주의 감각 중심 운영에서 벗어나려면 체계적인 접근이 필요하다. 단순히 '뭔가 문제가 있다'는 막연한 감각이 아니라, 객관적 진단을 통해 정확한 문제점을 파악하고 우선순위를 정해야 한다.

■ 왜 진단이 먼저인가?

민준처럼 막연히 '문제가 있다'고 느끼는 것과 정확히 '어떤 문제가 있는지' 아는 것은 다르다. 체계적 진단을 통해 문제를 명확히 하고, 우선순위를 정해 단계적으로 접근해야 한다.

- **객관적 평가**: 내부 구성원만으로는 놓치기 쉬운 문제점들을 외부 전문가의 시각으로 진단받을 수 있다.
- **단계별 개선 방안**: 모든 것을 한꺼번에 바꾸려 하지 말고, 진단 결과에 따라 우선순위를 정해 체계적으로 접근해야 한다.

■ 정부 지원의 전략적 활용

정부는 중소기업의 경영 시스템 개선을 위해 다양한 지원 프로그램을 운영하고 있다. 경영 진단 지원부터 시스템 구축 지원, 디지털 전환 지원까지 단계별로 활용할 수 있다.

핵심은 '진단 → 계획 → 지원 활용' 순서다. 무작정 지원 사업에 지원하기보다는, 우리 기업에 정말 필요한 것을 먼저 파악한 후 그에 맞는 지원을 찾아야 한다.

> [이론 편]

1. 기업 진단과 구조 개선 방법

가업승계를 앞둔 기업이라면 후계자가 안정적으로 경영할 수 있도록 기업의 생산성과 경쟁력을 사전에 점검하고 개선해야 한다. 이를 위해서는 객관적이고 체계적인 기업 진단이 선행되어야 한다.

1) 기업 진단 시작하기 : 어디서부터 손대야 할까?

- **첫 단계: 현황 파악과 문제점 인식**

  민준이 재무 자료에서 문제를 발견한 것처럼, 기업 진단의 첫 단계는 현재 상황을 정확히 파악하는 것이다. 많은 가족기업에서 공통적으로 발견되는 문제들은 다음과 같다.

  - **재무관리:** 지출 내역 미분류, 계약서 부재, 자산관리 부실

- **인사관리**: 역할과 책임 불명확, 성과 평가 시스템 부재
- **생산관리**: 품질관리 기준 미흡, 공정 표준화 부족
- **영업관리**: 고객관리 체계 부재, 매출 분석 미흡

• **둘째 단계: 우선순위 설정 원칙**

모든 문제를 동시에 해결하려 하면 실패한다. 민준이 재무관리부터 시작한 것처럼, 명확한 기준으로 우선순위를 정해야 한다.

① **법적 리스크가 높은 영역**: 세무, 노무, 안전 관련
② **경영 투명성 확보**: 재무관리, 의사결정 체계
③ **생산성 향상**: 업무 프로세스, 품질관리
④ **미래 성장 기반**: 기술 개발, 인재 육성

2) 체계적 기업 진단 방법

• 생산성 및 역량 진단

탁월한 성과를 창출하는 기업들의 경영 시스템 특징을 바탕으로 진단을 수행해야 한다. 주요 진단 항목은 다음과 같다.

- 시장이나 고객의 요구를 고려하여 비전 및 목표를 명확하게 수립하고 조직 내에서 공유하고 있는가.
- 비전과 목표를 달성하기 위한 혁신 과제가 구체적으

로 설정되어 추진되고 있는가.
- 조직 내에서 필요한 인재를 확보하고 육성하기 위한 제도가 제대로 작동하고 있는가.
- 고객 가치를 제공하기 위한 프로세스가 의도한 대로 구현되고 있는가.
- 경영 활동의 결과가 주기적으로 측정되고, 측정 결과가 다시 혁신을 위한 자료로 활용되고 있는가.

• 사업 경쟁력 진단을 위한 VRIO 모델 활용

VRIO 모델은 기업의 자원과 역량을 네 가지 관점에서 평가하는 프레임워크다. Value(가치), Rarity(희소성), Imitability(모방 가능성), Organization(조직)의 머리글자를 따서 만들어졌다.

민준의 회사와 같은 금속 가공업체라면 VRIO 모델을 다음과 같이 적용할 수 있다.

구분	평가 기준	적용 예시
Value (가치)	고객에게 실제 가치 제공 여부	우리 기술이 고객의 비용 절약이나 품질 향상에 기여하는가?
Rarity (희소성)	경쟁 업체 대비 독특한 자원 보유	특수 가공 기술이나 독점적 노하우가 있는가?

구분	평가 기준	적용 예시
Imitability (모방 가능성)	경쟁자의 모방 난이도	우리의 강점을 경쟁 업체가 쉽게 따라할 수 있는가?
Organization (조직)	자원 활용 조직 체계	보유 기술을 효과적으로 활용할 조직 체계가 갖춰져 있는가?

- 재무 진단의 실무적 접근

민준이 발견한 재무관리 문제들은 재무비율 분석을 통해 체계적으로 진단할 수 있다.

구분	민준 회사 문제점	진단 방법	개선 방향
안정성 비율	자산관리 부실, 부채 현황 불명확	유동비율, 부채비율 등	자산 장부 정리, 부채 관리 체계화
수익성 비율	비용 분류 미흡으로 수익성 분석 불가	영업이익률, ROE 등	비용 세분화, 수익성 분석 시스템 구축
활동성 비율	자산 활용도 측정 불가	총자산회전율 등	자산 효율성 관리 체계 구축

3) 경영 전략 제시와 실행 계획

- 단계별 개선 로드맵

민준의 사례를 바탕으로 체계적인 개선 방안을 수립할 수 있다. 각 단계별 핵심 과제는 다음과 같다.

- **1단계**(1~6개월): 기본 체계 구축
  - 재무관리 시스템 정비
  - 주요 계약서 서면화
  - 기본적인 내부 통제 시스템 구축

  이 단계에서는 완벽함보다는 기본 틀을 갖추는 것이 중요하다. 민준이 5만 원 이상 지출에 대한 승인 절차를 도입한 것처럼 간단하지만 명확한 규칙부터 만들어 가야 한다.

- **2단계**(6~12개월): 운영 체계 고도화
  - 부서별 예산관리 체계 도입
  - 성과 측정 시스템 구축
  - 품질관리 체계 정비

  1단계에서 구축한 기본 시스템을 바탕으로 더욱 세밀하고 효과적인 관리 체계를 만들어 가는 단계다.

- **3단계**(1~2년): 성장 기반 마련
  - 디지털 전환 추진 (스마트 공장 구축 포함)
  - 생산성 향상 시스템 도입
  - 인재 육성 프로그램 운영

안정된 운영 기반 위에서 미래 성장을 위한 투자를 시작하는 단계다. 민준이 언급한 스마트 공장 구축도 이 단계에서 본격적으로 추진할 수 있다.

2. 정부 지원 사업 활용 전략

1) 진단 기반 지원 사업 선별법
- 기업 진단 결과에 따른 지원 분야 매칭

민준의 사례처럼 기업 진단 결과에 따라 필요한 정부 지원을 선별해야 한다.

진단 결과	적합한 지원 사업	기대 효과
경영 시스템 개선 필요	경영 진단 지원, 디지털 전환 지원	업무 프로세스 개선, 투명성 확보
생산성 향상 필요	스마트 공장 구축, 공정 자동화 지원	생산 효율성 증대, 비용 절감
기술 개발 필요	R&D 지원, 기술 혁신 지원	기술 경쟁력 강화, 신제품 개발
인력 부족 문제	산학 인재 양성 지원	전문 인력 확보, 역량 강화

- **기업 준비도 평가의 중요성**

  정부 지원을 받기 전에 최소한 갖춰야 할 요건들이 있다.
  - **기본 서류**: 재무제표, 사업자등록증, 법인등기부등본
  - **경영 현황**: 최근 3년간 매출 및 손익 현황
  - **사업 계획**: 향후 3~5년 사업 계획서
  - **기술 현황**: 보유 기술 및 특허, 인증 현황

  이런 기본적인 자료가 준비되지 않은 상태에서는 어떤 지원 사업에 신청하더라도 좋은 결과를 얻기 어렵다.

2) 효과적인 신청 전략

- **체계적인 준비 과정**

  정부 지원 사업 신청은 충분한 시간을 두고 체계적으로 준비해야 한다.
  - **3개월 전**: 지원 사업 공고 모니터링, 기본 서류 준비
  - **2개월 전**: 사업 계획서 초안 작성, 전문가 검토
  - **1개월 전**: 최종 서류 완성, 모의 발표 연습
  - **신청 직전**: 최종 점검 및 제출

- 성공률을 높이는 핵심 포인트

  정부 지원 사업 선정에서 가장 중요한 요소들은 다음과 같다.
  - **명확한 목표 설정**: "왜 이 지원이 필요한가?"에 대한 명확한 답변
  - **차별화된 강점**: 우리 기업만의 독특한 강점과 가능성 제시
  - **구체적인 계획**: 지원금을 어떻게 활용할 것인지 상세한 계획 수립
  - **성과 지표**: 측정 가능한 성과 목표와 평가 방법 제시

3) 지원 사업별 맞춤 전략

각 지원 사업의 특성에 맞는 차별화된 접근이 필요하다. 대표적인 지원 사업별 신청 전략을 정리하면 다음과 같다.

- 기술 혁신 지원 사업
  - 기술의 차별성과 시장성을 강조
  - 기존 기술과의 차이점 명확히 제시
  - 시장 반응에 대한 구체적 근거 마련

- 스마트 공장 지원
  - 현재 생산 현황과 개선 후 기대 효과를 수치로 제시
  - 생산성 향상률, 비용 절감액 등 구체적 숫자로 입증
  - 투자 대비 효과(ROI) 분석 자료 준비

- 디지털 전환 지원
  - 기존 업무 프로세스의 문제점과 디지털화 필요성 명확히 제시
  - 현재의 불편함이나 비효율성 구체적 사례 제시
  - 디지털화를 통한 개선 효과 시나리오 작성

체계적인 기업 진단과 정부 지원 사업의 전략적 활용은 후계자가 기업을 승계한 후에도 안정적 성장과 지속 가능성을 확보하는 데 중요한 기반이 된다. 민준처럼 기업 진단 후 필요한 지원 사업을 찾고 계신다면, 다음 참고 자료를 활용하기 바란다.

[참고] 주요 정부 지원 사업

1. 연구 역량 강화 및 기술 혁신 지원

기술 혁신과 R&D 역량 강화를 위해 정부는 다양한 지원 사업을 운영하고 있다. 특히 중소기업의 혁신 역량을 단계별로 지원하여 기술 개발과 신속한 사업화를 촉진하는 프로그램들이 있다.

사업명	지원 내용	지원 규모 지원 기간	주관기관
중소기업 기술 혁신 개발 사업	혁신 역량 단계별 R&D 지원을 통한 중소기업 혁신 성장 촉진	5~20억 원 (2~4년)	중소벤처 기업부
탄소중립 산업 핵심 기술 개발 사업	4대 탄소 다배출 업종의 제조 공정 탄소 배출 저감 기술 확보	과제당 3~10억 원 (3~5년)	산업통상 자원부
공공 혁신 수요 기반 혁신 제품 기술 개발	공공 문제 해결 및 현장 사용성 확대를 위한 혁신 제품 고도화	2~5억 원 (2~3년)	조달청
강소 특구 전략 기술 연계 R&BD	공공 연구기관 역량 활용한 국가전략기술 분야 기술 사업화	3~5억 원 (2~3년)	과학기술 정보통신부
산학 인재 양성 사업	창의 융합형 공학 인재 양성, 시스템 반도체 설계 실무 인력 양성 등	대학별 5~15억 원 (연간 지원)	한국산업 기술진흥원

2. 스마트 공장 구축 지원

스마트 공장 구축은 생산성 향상과 비용 절감을 위한 필수 요소로, 정부는 이를 지원하기 위해 다양한 프로그램을 운영 중이다. 특히 지능형 공장 구축을 통해 제조 혁신 역량 향상과 애로 사항 해결을 지원하는 사업들이 있다.

사업명	지원 내용	지원 규모 지원 기간	정부 지원 비율
정부 일반형 스마트 공장	IoT 등 첨단 기술을 적용한 스마트 공장 솔루션 구축	5천만~2억 원 (6~12개월)	50% 이내
제조기반기업 공정자동화 지원	주조, 표면처리, 정밀 가공 등 수작업 공정 자동화	최대 9천만 원 (최대 8개월)	50% 이내
대중소 상생형 스마트 공장	대기업·중견기업과 중소기업 협력 스마트 공장 구축	3천만~1억 2천만 원 (6~12개월)	30% 이내

3. 디지털 전환(DX) 지원

디지털 전환은 기업이 디지털과 물리적 요소들을 통합하여 비즈니스 모델을 변화시키고 새로운 가치를 창출하는 전략이다. 정부는 디지털 전환 관련 컨설팅, 인프라 지원, 자금 지원 등을 제공하여 중소기업의 참여를 독려하고 있다.

사업명	지원 내용	지원 규모	주관 기관	정부지원비율
데이터 바우처 지원 사업	데이터 기획·설계에서 구매, 수집·생성, 가공, 분석까지 통합 지원	최대 4천 5백만 원	과학기술 정보통신부	70~90%
XaaS 선도 프로젝트 사업	각 산업 내 프로세스 및 제품·서비스의 디지털 서비스화 지원	과제당 1억 원 이내	과학기술 정보통신부	100%
스마트 서비스 지원 사업	빅데이터, AI 등 첨단 ICT 활용 솔루션 구축 지원	신규: 최대 6천만 원 고도화: 최대 1억 원	중소벤처 기업부	50% 이내

※ 주의 사항

- 상기 지원 사업은 2025년 기준이며, 매년 공고 내용이 변경될 수 있다.
- 신청 전 반드시 최신 공고문을 확인하시기 바란다.
- 기업 진단을 통해 자사에 가장 적합한 지원 사업을 선별하여 신청하는 것이 중요하다.

제 7 장

네트워크를 잇고, 조직을 혁신하라

[전문가 Talk: 조직 갈등 해결과 내부 혁신 전략]

[이론 편]

   1. 경영관리 시스템의 정비와 성과 관리

   2. 인재 육성 및 조직 문화 개선

   3. 네트워크 활용을 통한 조직 혁신

[참고] 주요 정부 지원 사업

[심화] 과감하게 성장을 내딛기

민준은 회사를 둘러볼 때마다 아버지가 수십 년간 쌓아온 네트워크의 위력을 실감했다. 오랜 거래처들과 상공회의소 인맥, 지역 축제와 자선행사를 통해 쌓은 신뢰는 회사의 든든한 자산이었다.

"이런 관계들이 없었다면 우리 회사가 지금처럼 성장하지 못했을 거야."

아버지의 담담한 말 속에는 깊은 경험과 지혜가 담겨 있었다.

하지만 외부의 든든한 네트워크와 달리, 내부는 그리 순탄하지 않았다. 회사가 중견 규모로 커지면서 예상치 못한 문제가 고개를 들기 시작했다.

어느 날, 중요한 거래처 납품에서 문제가 터졌다.

생산부 김 차장이 민준을 찾아와 불만을 토로했다.

"영업부가 말도 안 되는 납기를 약속해 놓고 우리 보고 맞추라고 하네. 이번 업체 건도 그렇고요."

얼마 후 영업부 박 대리도 찾아왔다.

"생산부에서 정확한 일정을 안 알려 주니까 고객한테 뭐라고 말해야 하나요? 그리고 우리가 주문 따와야 회사가 돌아가는 거 아닌가요?"

■ 커지는 회사, 복잡해지는 갈등

회사가 성장하면서 부서별로 각자의 논리와 이해관계가 생겨났다.

관리부서는 "예산이 부족하다"라며 다른 부서 요청을 자주 거절했고, 생산부서는 "품질이 최우선"이라며 영업부서의 급한 요청을 받아주지 않았다. 영업부서는 "매출이 안 나오면 회사가 망한다"라며 다른 부서에 무리한 협조를 요구했다.

민준은 고민에 빠졌다. 각 부서가 다 나름의 이유가 있는데, 이걸 어떻게 조율해야 할까?

"아버지, 부서들이 서로 발목만 잡고 있어요. 어떻게 해야 할까요?"

"내가 직접 현장을 누비며 모든 것을 처리했던 때와는 다르다. 이제는 각자 맡은 일에 책임을 지면서도 서로 협력할 수 있는 문화를 만들어야 해."

민준은 과감한 결단을 내렸다. 월례 전사 회의와는 별도로 '부서 간 소통 워크숍'을 제안한 것이다.

"각 부서가 겪는 애로 사항을 솔직하게 공유하고, 함께 해결책을 모색해 보자."

첫 워크숍은 어색했다. 서로 눈치만 보며 형식적인 말들만 오갔다. 그런데 두 번째 워크숍에서 생산부 이 과장이 용기 있게 입을 열었다.

"솔직히 말하면, 영업부에서 고객 요구 사항을 제대로 전달 안 해 줘요. 그러다가 나중에 문제가 생기면 생산부 탓만 하고요."

분위기가 험악해질 뻔했지만 민준이 재빨리 개입했다.

"구체적으로 어떤 상황인지 듣고 싶습니다. 문제를 지적하는 게 아니라 개선 방안을 찾기 위해서요."

■ 갈등의 뿌리를 찾다

이 과장의 구체적 사례를 들어 보니 문제의 핵심이 드러났다.

"보통 업체 주문이 들어왔을 때, 영업부에서는 '일반 사양'이라고 했는데, 막상 도면을 받아 보니 특수 가공이 필요한 제품이었어요. 공정을 다시 짜야 하는데 납기는 그대로더라고요."

영업부 박 대리가 말했다.

"저희도 고객이 처음에는 일반 사양이라고 해서 그렇게 전달한 거예요. 그런데 고객이 중간에 사양을 바꾸면 저희가 어떻게 해요?"

민준은 문제를 정리했다.

"결국 정보 공유와 변경 사항 전달 체계가 부족한 거네요. 이런 상황을 예방할 수 있는 방법을 같이 만들어 보죠."

워크숍을 거듭하면서 구체적인 개선안들이 나오기 시작했다.

영업부와 생산부 사이에 '주문 확인서'라는 간단한 양식을 만들었다. 사양 변경이 있을 때는 반드시 이 양식을 통해 생산부에 전달하고, 생산부는 변경으로 인한 납기와 비용 변화를 24시간 내에 회신하기로 했다. 품질관리팀과 생산팀 사이에도 '품질 이슈 공유 회의'를 주 1회 열어 문제점을 사전에 파악하고 대응하기로 했다.

아버지의 외부 네트워크도 내부 혁신에 도움이 되었다. 상공회의소에서 주관하는 '우수 기업 견학 프로그램'에 주요 임직원들을 보냈다.

"다른 회사들이 어떻게 부서 간 협력을 이루고 있는지 직접 보고 오라고. 눈으로 보면 더 확실하게 와닿을 거야."

견학을 다녀온 임직원들은 확실히 달라졌다.

"아, 우리보다 작은 회사인데도 시스템이 이렇게 잘되어 있네요."

"다른 회사 생산부장님이 그러는데, 영업부와 매주 정기 미팅을 한다고 하더라고요."

외부 자극이 내부 변화의 동력이 되었다.

시간이 지나자 점차 눈에 띄는 변화가 나타났다.

부서 간 업무 요청 시 '상대방 입장 고려하기'가 자연스러워졌다. 영업부에서는 납기가 촉박한 주문을 받기 전에 생산부와 미리 상의하기 시작했고, 생산부에서도 불가피한 일정 변경이 있을 때 영업부에 빨리 알려주었다.

월별 부서 간 평가에서도 '협력도' 항목이 새로 생겼다. 단순히 자기 부서 성과만 좋으면 되는 것이 아니라, 다른 부서와 얼마나 잘 협력하느냐도 평가 기준이 되었다.

회계 담당 김 과장이 말했다.

"처음엔 일이 더 복잡해지는 줄 알았는데, 지금은 훨씬 수월해요. 각 부서에서 미리미리 계획을 세워서 알려주니까 예산 관리도 체계적으로 할 수 있고요."

아버지도 인정했다.

"확실히 네가 하는 게 더 체계적이구나. 나 혼자 뛰어다

니며 불 끄기식으로 했던 것보다 훨씬 안정적이야. 이제 진짜 회사다운 회사가 되는 것 같다."

민준은 확신했다. 외부 네트워크의 강점을 유지하면서 내부 조직을 혁신하는 과정에서 회사 전체에 새로운 활력이 돌기 시작했다는 것을. 이제 다음 단계로 인재 확충과 해외 시장 진출도 차근차근 준비해 볼 수 있을 것 같았다.

[전문가 Talk: 조직 갈등 해결과 내부 혁신 전략]

민준의 사례는 많은 중소기업이 성장 과정에서 겪는 전형적인 조직 갈등을 보여 준다. 회사가 커지면서 부서별 이해관계가 복잡해지고, 소통 부재로 인한 갈등이 심화되는 것이다.

핵심은 소통 구조의 체계화다. 민준이 소통 워크숍을 통해 문제의 근본 원인을 파악하고, 구체적인 해결책을 만들어 낸 것이 좋은 사례다. 단순히 "소통하자"라고 말하는 것이 아니라, '주문 확인서' 같은 실질적인 도구를 만들어 시스템화한 점이 중요하다.

예를 들어, '협력도 평가' 같은 새로운 성과 지표 도입을 검토해 보자. 부서별 성과만 평가하면 이기주의가 심화되지만, 협력 성과를 함께 평가하면 자연스럽게 상호 배려하는 문화가 만들어진다.

외부 네트워크 활용도 주목할 만하다. 아버지가 구축한 상공회의소 네트워크를 통한 견학 프로그램이 내부 변화의 동력이 된 것처럼, 기존 자산을 새로운 방식으로 활용하는 지혜가 필요하다.

[이론 편]

1. 경영관리 시스템의 정비와 성과관리

■ 규모 확대에 따른 필연적 변화

기업이 성장하면 경영자 혼자 모든 것을 관리하기 어려워진다. 중견 규모로 커지면서 부서별 전문화가 진행되고, 각 부서가 고유한 목표와 이해관계를 갖게 된다. 이 과정에서 기능 분화와 업무 분장을 통한 권한 위임이 필수가 되며, 동시에 부서 간 갈등도 자연스럽게 발생한다.

특히 가업승계 과정에서는 새로운 경영자가 자신만의 경영 철학을 반영한 시스템을 구축해 조직에 활력을 불어넣을 기회가 된다. 후계자는 기존의 창업주 중심 운영 방식에서 벗어나 체계적인 경영 관리 시스템을 도입에 힘써야 한다.

■ 미션·비전·전략의 재정립

경영관리 체계 정비의 첫 단계는 조직의 정체성 확립이다. 미션은 조직의 존재 이유와 목적을 명확히 하여 구성원들에게 일관된 방향성을 제공한다. 비전은 장기적 목표와 영감을 통해 조직 전체가 동일한 목표를 향해 나아가도록 유도한다. 전략은 목표 달성을 위한 구체적 계획과 방법을 제시하여 경쟁 우위를 확보한다.

이러한 설정은 조직의 일관성과 집중력을 강화하고, 제한된 자원을 효과적으로 배분하는 기준을 제시한다. 민준의 회사에서 각 부서가 서로 다른 우선순위를 갖고 갈등했던 것도 결국 회사 전체의 명확한 방향성이 부족했기 때문이다.

■ 경영 목표 설정과 성과관리

비전과 전략을 실현하기 위해서는 체계적인 성과관리가 필요하다. 균형성과지표(BSC, Balanced Score Card)를 활용하면 재무적 성과, 고객 관점, 업무 프로세스, 역량 향상과 학습 등 다양한 관점에서 성과를 측정할 수 있다.

목표 설정 시에는 SMART 원칙을 적용할 수 있다. 구체적이고(Specific), 측정 가능하며(Measurable), 달성 가능하면서도 도전적이고(Achievable), 전략과의 연관성이 있으며(Relevant), 시한이 설정된(Time-bound) 목표여야 한다. 이러한 목표는 KPI(핵심성과지표) 또는 OKR(목표 및 핵심 결과) 형태로 구체화한다.

'협력도 평가'는 좋은 사례다. 기존에는 부서별 개별 성과만 평가했지만, 협력 성과를 함께 평가함으로써 부서 이기주의를 줄이고 상호 배려하는 문화를 만들어 냈다. 다만, 성과관리가 평가와 보상에만 집중되면 개선이라는 본래 목적이 퇴색될 수 있으므로 주의해야 한다.

■ 지속적 개선과 PDCA 사이클

민준의 부서 간 소통 회의 사례를 PDCA 사이클로 적용해 보면 체계적인 개선 과정을 확인할 수 있다. 계획(Plan) 단계에서는 문제 분석 후 개선 계획을 수립하고 필요 자원을 할당한다. 실행(Do) 단계에서는 계획을 실행하면서 과정상 문제점을 기록하고 수정한다. 확인(Check) 단계에서는 결과를 점검하고 성과를 측정하며 목표 대비 실제 성과를 비교한다. 조치(Act) 단계에서는 성공 부분을 표준화하고 실패 부분을 재조정한다.

민준이 '주문 확인서' 양식을 만들고 24시간 내 회신 규칙을 정한 것은 이러한 지속적 개선의 결과다. 문제를 파악하고, 해결책을 실행하며, 그 효과를 확인한 후 제도로 정착시킨 것이다.

■ **물리적 경영관리 시스템 구축**

효율적인 경영관리를 위해서는 IT 시스템의 뒷받침이 필요하다. 그룹웨어, ERP, MES 등을 도입하되, 업무 프로세스 분석이 선행되어야 한다. 효율적인 의사결정 구조를 설정하고, 정부 지원 사업을 활용하면 비용 부담을 경감할 수 있다.

2. 인재 육성 및 조직 문화 개선

인재는 기업 경쟁력의 핵심이다. 시스템만 바꾼다고 조직이 변하는 것은 아니다. 사람들이 자발적으로 협력할 수 있는 문화를 만들어야 한다. 인건비 부담 때문에 망설이는 기업들을 위해 정부에서 다양한 지원 사업을 제공하고 있다.

체계적인 인재 확보 전략을 수립할 때는 신규 채용 시 기업 문화와의 적합성, 업무 역량과 성장 가능성, 팀워크와 소통 능력, 장기적 관점에서의 발전 가능성을 고려해야 한다. 기존 인력의 활용을 극대화하기 위해서는 역량 개발 프로그램 운영, 순환 보직을 통한 시야 확대, 멘토링 시스템 구축, 성과에 따른 공정한 보상이 필요하다.

조직문화 개선을 위해서는 소통 문화 구축이 핵심이다. 정기적 소통 채널을 운영하고, 수평적 의사소통 체계를 만들며, 건설적 피드백 문화를 조성하고, 부서 간 협력 프로젝트를 추진해야 한다. 또한, 학습 조직을 만들기 위해 지속적 학습 분위기를 조성하고, 실패를 통한 학습 문화를 만들며, 지식 공유 시스템을 구축하고, 외부 벤치마킹 활동을 활성화해야 한다.

3. 네트워크 활용을 통한 조직 혁신

외부 네트워크는 단순한 인맥이 아니라 조직 혁신의 자원으로 활용될 수 있다. 벤치마킹 네트워크를 구축하기 위해 상공회의소, 업종별 협회를 활용하고, 우수 기업 견학 프로그램에 참여하며, 경영진 교류 모임에 적극 참여도 고려해 볼 수 있다.

학습 조직을 구축하기 위해서는 외부 교육 프로그램을 활용하고, 컨설팅 및 진단 서비스를 활용하며, 정부 지원 사업을 통한 전문가 네트워크를 구축해야 한다. 외부 자극이 내부 변화의 동력이 되어 직원들이 다른 회사의 모범 사례를 보고 자발적으로 변화에 동참하게 만들 수 있다.

조직 혁신과 네트워크 활용은 단기간에 이루어지지 않는다. 꾸준한 노력과 체계적 접근을 통해 점진적으로 변화를 만들어 가는 것이 중요하다. 특히 승계자는 기존 경영자의 네트워크를 새로운 방식으로 활용하면서, 동시에 새로운 시스템과 문화를 구축해 나가는 균형 감각이 필요하다.

[참고] 주요 정부 지원 사업

1. 인재 육성 및 조직 문화 개선 지원

중소기업의 가장 큰 고민 중 하나는 우수한 인재 확보와 조직 문화 개선이다. 정부는 이러한 어려움을 해결하기 위해 채용부터 교육, 근무 환경 개선까지 종합적인 지원 체계를 운영하고 있다.

[채용 지원금]

- 청년일자리도약장려금

청년 취업난과 중소기업 인력난을 동시에 해결하기 위한 대표적인 정책이다. 취업 애로 청년을 채용하거나 빈 일자리 업종에 청년을 채용할 때 최대 720만 원까지 지원한다.

구분	지원 대상	지원 금액	지원 기간
유형 I	취업 애로 청년 정규직 채용	최대 720만 원	최장 1년
유형 II	빈 일자리 업종 청년 채용	최대 720만 원 + 청년에게 480만 원	최장 1년

- 고령자 고용 지원금

고령화 사회에 대응하여 60세 이상 근로자 고용을 늘린 기업에 인센티브를 제공한다.

지원 대상	지원 금액	지원 기간	신청 조건
60세 이상 근로자 고용 증가 기업	1명당 분기 30만 원	최대 2년	고용보험 가입

- 고용촉진장려금

취약 계층의 취업을 촉진하고 기업의 인력난을 해결하기 위한 지원제도이다.

지원 대상	지원 금액	지원 기간
취약 계층 구직자 신규 고용	연간 720만 원 (대규모 기업 360만 원)	최대 2년

[유연근무 지원금]

워라밸(일과 삶의 균형) 문화 확산과 근무 환경 개선을 위한 다양한 지원책이 마련되어 있다.

- 워라밸 일자리 장려금

실근로시간 단축을 통해 일자리 창출과 근무 환경 개선을 동시에 달성하는 정책이다.

지원 내용	지원 금액	지원 기간	조건
실근로시간 2시간 이상 단축	1인당 월 30만 원	최대 1년	주 40시간 → 38시간 이하

- 유연근무 장려금

재택근무, 원격근무 등 유연한 근무 형태 도입을 지원한다.

지원 내용	지원 금액	지원 조건
재택·원격·선택근무, 육아기 시차출퇴근 허용	1인당 월 최대 30만 원	유연근무제 도입

- 인프라 지원금

유연근무를 위한 기술적 기반 구축을 지원한다.

구분	지원 내용	지원 금액	지원 비율
재택·원격근무 인프라	하드웨어, 소프트웨어, 보안솔루션 등	최대 2천만 원	50~80%
유연근무 인프라	근태 관리 시스템 등	최대 750만 원	70%

[전문 인력 양성 프로그램]

기업의 필요에 맞는 전문 인력을 체계적으로 양성하기 위한 프로그램들이다.

- 산업현장 일학습병행 지원 사업

독일의 마이스터 제도를 벤치마킹한 현장 중심 인력 양성 시스템이다.

지원 내용	지원 대상	지원 금액
선채용 후 NCS 기반 현장 훈련 실시 수료자에게 자격 부여	중소·중견기업 신규 채용자 재직자	훈련비용, 전담 인력 수당 지원 과정별 상이

- 중소기업 특성화고 인력 양성 사업

중소기업과 특성화고를 연계하여 기업 맞춤형 인재를 양성하는 프로그램이다.

지원 내용	지원 대상	지원 혜택
특성화고-중소기업 연계 직업 교육 산업기능요원제도 연계	특성화고 재학생	학생 장학금 지원 병역지정업체 우대

- K-디지털 기초 역량 훈련

디지털 전환 시대에 맞는 기초 역량 강화를 위한 교육 프로그램이다.

지원 내용	지원 대상	지원 금액
디지털 분야 기초 역량 개발 코딩, 빅데이터 분석 등 과목	재직자, 구직자	국민내일배움카드 한도 외 50만 원 추가

2. 조직 혁신 및 경영 개선 지원

기업이 성장하면서 겪는 조직 운영의 어려움을 해결하기 위한 전문적인 컨설팅과 시스템 개선 지원이다.

[경영 컨설팅 지원]

전문 컨설턴트의 도움을 받아 경영 전반의 문제를 진단하고 개선 방안을 마련할 수 있다.

- 중소기업 경영 컨설팅 지원 사업

지원 내용	지원 금액	지원 비율
전략, 인사, 마케팅, 재무 등 경영 전반 컨설팅	최대 1천만 원	70~90%

- 스마트워크 확산 지원 사업

업무 효율성 향상과 조직 문화 개선을 위한 스마트워크 도입을 지원한다.

지원 내용	지원 금액	지원 비율
스마트워크 도입 컨설팅 및 인프라 구축	최대 5천만 원	50~70%

[디지털 전환 지원]

조직 운영의 디지털화를 통해 업무 효율성을 높이고 소통 체계를 개선할 수 있다.

• 중소기업 디지털 전환 지원 사업

지원 내용	지원 금액	지원 기간
ERP, 그룹웨어 등 디지털 도구 도입	최대 2천만 원	6개월~1년

※ 주의 사항

상기 지원 사업은 2025년 기준이며, 매년 공고 내용이 변경될 수 있다.

신청 전 반드시 최신 공고문을 확인하시기 바란다.

기업 상황에 맞는 적절한 지원 사업을 선별하여 신청하는 것이 중요하다.

[심화] 과감하게 성장을 내딛기

국내 시장에서의 경쟁이 치열해지면서 많은 기업이 글로벌 시장 진출을 모색하고 있다. 하지만 해외 시장 진출에는 많은 비용과 시간이 소요되며, 현지 시장에 대한 정보와 네트워크 부족 등의 어려움이 존재한다. 이러한 어려움을 극복하기 위해 정부에서는 마케팅, 브랜딩 등 다양한 지원 사업을 제공하고 있다.

해외 진출 전에는 내부 역량을 점검해야 한다. 제품이나 서비스의 글로벌 경쟁력, 해외 사업 전담 인력, 자금 조달 능력, 리스크 관리 체계 등을 평가해야 한다. 시장 조사 및 분석도 필수다. 타깃 시장의 특성을 파악하고, 현지 법규 및 인증 요구 사항을 확인하며, 경쟁 업체 현황을 분석하고, 유통 채널 및 파트너를 발굴해야 한다.

기업의 상황과 역량에 따라 적절한 진출 방식을 선택하는 것이 중요하다. 일반적으로 온라인 플랫폼이나 현지 에이전트를 활용한 간접 진출부터 시작하여, 점차 해외 전시회 참가나 직접 수출 체계 구축을 통한 직접 진출로 확장해 나갈 수 있다. 충분한 경험과 자본이 확보되면 현지 법인 설립이나 현지 생산, 파트너십 구축 등의 현지화 전략도 고려해 볼 수 있다. 무엇보다 기업의 규모와 업종 특성, 보유 자원을 종합적으로 고려하여 단계적으로 접근하는 것이 바람직하다.

■ 참조. 해외 진출 지원

내부 조직이 안정화된 기업이 다음 성장 동력으로 해외 시장을 개척할 때 활용할 수 있는 지원책들이다.

[수출 지원 프로그램]

해외 시장 진출의 전 과정에서 필요한 서비스를 종합적으로 지원한다.

- 수출 바우처 사업

지원 내용	지원 분야	지원 방식
수출 전 과정 지원	14개 분야 7,500여 개 서비스	바우처 형태 보조금

- 해외 지사화 사업

공공기관의 해외 네트워크를 활용하여 단계적으로 해외 시장에 진출할 수 있도록 지원한다.

지원 내용	지원 단계	지원 기관
공공기관 해외 네트워크 활용	3단계: 기초→심화→수출	KOTRA, 중진공 등

- 해외 규격 인증 획득 지원 사업

해외 시장 진출을 위해 필수적인 각국의 인증을 취득할 때 발생하는 비용을 지원한다.

지원 내용	지원 대상	지원 금액
500여 개 해외 인증 취득 지원	유럽 CE, 미국 FDA, 중국 CCC 등	인증비, 시험비, 컨설팅비 일부

[해외 조달시장 진출]

- 유망 기업(G-PASS) 지정 제도

국내 조달 시장에서 검증된 우수 기업이 해외 조달 시장으로 진출할 수 있도록 지원한다.

지원 내용	지원 대상	지원 혜택
해외 조달 시장 진출 지원	국내 조달 시장 참여 기업	수출 상담회, 해외 전시회, 온라인 교육

- 해외 전시회 단체 참가 지원 사업

해외 바이어와의 직접적인 만남을 통해 수출 기회를 확대할 수 있도록 전시회 참가를 지원한다.

지원 내용	지원 금액	지원 방식
해외 전시회 참가비 지원 (하이브리드 방식 전시회 확대)	부스 임차료, 장치비, 운송비	비율별 차등 지원

- 브랜드K 육성 사업

우수한 중소기업 제품을 국가대표 브랜드로 육성하여 해외 시장에서의 경쟁력을 높인다.

지원 내용	지원 대상	지원 혜택
국가대표 공동 브랜드 '브랜드K' 부여 해외 마케팅 종합 지원	우수 중소기업	전용관 입점, 해외 온라인몰 입점 바이어 상담회 지원

※ 주의 사항
- 상기 지원 사업은 2025년 기준이며, 매년 공고 내용이 변경될 수 있다.
- 신청 전 반드시 최신 공고문을 확인하시기 바란다.
- 기업 상황에 맞는 적절한 지원 사업을 선별하여 신청하는 것이 중요하다.

제 8 장
모두가 함께 만드는 '새로운 시작'

[전문가 Talk: 가족기업에서 혁신과 안정성의 균형]

[이론 편]

1. 가족기업의 혁신 딜레마와 해결 방안
2. 가족 내 의사결정 메커니즘의 중요성
3. 단계적 혁신 전략의 수립과 실행
4. 가족 구성원 간 역할 분담과 협력 체계
5. 갈등을 성장의 기회로 만들기

■ 새로운 도전 앞에서

민준이 추진한 시스템 정비와 조직 혁신이 점차 가시적인 성과를 보이기 시작했다. 부서 간 협력이 원활해지고, 품질관리 체계도 안정화되었다. 직원들의 표정도 한결 밝아졌다.

이제 민준은 더 큰 그림을 그리고 있었다. 환경·소재 분야로의 사업 확장이었다.

"아버지, 이제 다음 단계를 준비해야 할 것 같아요."

민준은 며칠 전부터 준비한 자료를 펼쳐 놓았다. 환경 친화적 금속 표면처리 기술과 관련 시장 조사 결과였다.

"기존 기술력을 바탕으로 친환경 표면 처리 분야에 진출하면, 새로운 성장 동력을 만들 수 있을 것 같습니다."

아버지는 자료를 꼼꼼히 살펴보더니 고개를 끄덕였다.

"생각보다 체계적으로 준비했구나. 그런데 초기 투자비용이 만만치 않네."

"네, 연구개발비와 설비투자까지 합치면 약 15억 정도 예상됩니다."

■ 예상치 못한 우려들

그날 저녁, 온 가족이 모인 자리에서 민준은 신사업 계획을 발표했다. 하지만 반응은 예상과 달랐다.

누나 민정이 먼저 우려를 표했다.

"민준아, 지금 회사가 안정화되기 시작했는데 갑자기 그런 큰 투자를 해도 괜찮을까? 실패하면 어떻게 하려고?"

작은아버지도 조심스럽게 말했다.

"요즘 환경 규제가 강화되는 건 맞지만, 우리 같은 중소기업이 대기업들과 경쟁할 수 있을까? 너무 무리한 건 아닌지…."

어머니는 다른 걱정을 했다.

"민준이가 그동안 회사 정리하느라 고생했는데, 또 새로운 걸 시작하면 스트레스가 너무 클 것 같아."

민준은 당황했다. 모두가 자신의 계획을 지지해 줄 거라고 생각했는데, 오히려 반대 의견들만 나오고 있었다.

■ 서로 다른 관점들

"민준아, 우리가 반대하는 게 아니야." 누나가 다시 입을 열었다. "다만, 너무 성급한 건 아닌가 싶어서. 지금 회사 상황이 좋아졌다고 해서 바로 큰 투자를 하는 게 맞나?"

"맞아. 단계적으로 접근하는 게 어떠니?" 작은아버지가 덧붙였다. "먼저 시장 조사를 더 해 보고, 작은 규모로 시작해서 검증을 받은 다음에 확대하는 거지."

민준은 답답했다. 지금이 기회인데 너무 신중하게만 접근하면 시기를 놓칠 수도 있다고 생각했다.

"하지만 경쟁 업체들도 이미 이 분야에 관심을 보이고 있어요. 우리가 늦어지면 선점 효과를 놓칠 수 있습니다."

아버지가 중재에 나섰다.

"모두 일리가 있는 말들이네. 민준이 열정도 좋고, 가족들의 신중함도 필요하고."

■ 진솔한 대화의 시간

분위기가 무거워지자 아버지가 제안했다.

"오늘은 각자 생각을 정리하고, 다음 주에 다시 모여서 차근차근 논의해 보자. 성급하게 결정할 일은 아니니까."

일주일 후, 가족들은 다시 모였다. 이번에는 분위기가 달랐다.

민정이 먼저 말했다.

"민준아, 지난주에 내가 너무 부정적으로만 얘기한 것 같아. 미안해. 네 계획서를 다시 읽어 봤는데, 생각보다 잘 준비되어 있더라."

"저도 업계 사람들한테 물어봤는데, 환경 관련 규제가 앞으로 더 강화될 거라고 하네요." 작은아버지도 태도가 바뀌었다. "다만 리스크 관리는 확실히 해야겠어요."

민준도 한 주 동안 가족들의 의견을 곰곰히 생각해 봤다.

"저도 너무 성급했던 것 같아요. 가족들 말씀처럼 단계적으로 접근하는 게 맞는 것 같습니다."

어머니가 웃으며 말했다.

"그래, 이렇게 얘기하니까 훨씬 좋네. 서로 다른 생각을 가질 수 있지만, 결국 같은 방향을 보고 있다는 걸 확인했잖아."

■ 협력을 통한 해결책

아버지가 구체적인 제안을 했다.

"그럼 이렇게 하자. 1단계로 6개월 동안 시장 조사와 기술 검증을 더 해 보고, 2단계로 파일럿 프로젝트를 진행한 다음, 3단계에서 본격적인 투자를 결정하는 거야."

민준이 눈을 반짝였다.

"좋은 방법인 것 같아요. 그럼 1단계에서는 어떤 것들을 준비해야 할까요?"

"시장 조사는 전문 컨설팅 업체에 의뢰하고, 기술 검증은 산학 협력을 통해 진행하면 어떨까?" 누나가 제안했다.

작은아버지도 아이디어를 냈다.

"정부 지원 사업도 알아보거라. R&D 지원이나 신기술 개발 관련 프로그램들이 많거든."

민준은 감사했다. 처음에는 반대만 하는 줄 알았는데, 결국 모두가 더 좋은 방법을 찾기 위해 고민해 준 것이었다.

■ 새로운 출발점

"그럼 내일부터 1단계 계획을 구체적으로 세워 볼게요." 민준이 말했다.

"우리도 도울 수 있는 일이 있으면 언제든 말해."

누나가 격려했다.

아버지가 마무리했다.

"이런 식으로 가족이 함께 고민하고 결정하는 거야. 혼자 모든 걸 짊어지려 하지 말고, 우리가 함께 만들어 가는 거지."

민준은 깨달았다. 가업승계란 단순히 회사를 물려받는 것이 아니라, 가족 모두가 함께 새로운 미래를 설계해 나가는 과정이라는 것을. 그리고 때로는 갈등과 의견 충돌이 있더라도, 진솔한 대화를 통해 더 나은 방향을 찾을 수 있다는 것을 ….

며칠 후, 민준은 환경·소재 분야 전문가와 첫 번째 미팅을 가졌다. 더 이상 혼자만의 꿈이 아니라, 가족 모두가 함께하는 새로운 도전이었다.

[전문가 Talk: 가족기업에서 혁신과 안정성의 균형]

민준 가족의 사례는 가족기업이 새로운 도전을 할 때 자주 겪는 전형적인 갈등 상황을 보여 준다. 후계자는 혁신과 성장을 추구하고, 기존 가족 구성원들은 안정성과 리스크 관리를 우선시하는 경우가 많다.

■ 혁신 vs 안정성의 딜레마

가족기업의 숙명적 과제 중 하나가 바로 이 균형 문제다. 혁신 없이는 시장에서 도태되지만, 무모한 도전은 기존 기반을 흔들 수 있다. 특히 승계 과정에서는 이런 갈등이 더욱 심화되는 경우가 많다.

민준이 환경·소재 분야 진출을 제안했을 때 가족들이 보인 반응은 매우 자연스럽다. 누나의 "실패하면 어떻게 하려고?"라는 우려나 작은아버지의 "대기업과 경쟁할 수 있을까?"라는 의문은 모두 합리적인 걱정이다.

■ **건설적 갈등 해결의 핵심 요소**

갈등 해결 과정에서 주목할 점은 다음과 같다.

첫째, 시간을 두고 생각할 여유를 만들었다. 아버지가 "일주일 후에 다시 논의하자"라고 제안한 것은 감정적 대립을 피하고 냉정한 판단을 할 수 있게 해 주었다.

둘째, 상대방의 입장을 이해하려는 노력이 있었다. 민정이 민준의 계획서를 다시 읽어 보고, 작은아버지가 업계 전문가들에게 문의해 본 것이 좋은 예시다.

셋째, 단계적 접근으로 타협점을 찾았다. 전면적 투자와 현상 유지라는 극단적 선택지 대신, 시장 조사 → 파일럿 프로젝트 → 본격 투자라는 점진적 방안을 도출했다.

■ **가족기업 혁신의 성공 조건**

성공하는 가족기업들은 혁신과 안정성을 대립 관계로 보지 않는다. 대신 두 요소를 조화시킬 수 있는 방법을 찾는다. 민준 가족처럼 충분한 검증을 거치면서도 기회를 놓치지 않는 타이밍을 잡는 것이 핵심이다.

또한, 가족 구성원 각자의 강점을 활용하는 것도 중요하다. 후계자의 혁신적 아이디어, 선대의 신중함, 형제자매의 객관적 시각이 모두 기업 발전에 기여할 수 있다.

> [이론 편]

1. 가족기업의 혁신 딜레마와 해결 방안

가족기업이 직면하는 가장 큰 도전 중 하나는 전통과 혁신 사이의 균형을 찾는 것이다. 후계자가 새로운 사업 분야 진출을 제안할 때 기존 가족 구성원들이 보이는 신중한 반응은 이러한 딜레마를 잘 보여 준다. 가족기업은 장기적 안정성을 중시하는 특성상 급진적 변화에 대해 보수적으로 접근하는 경향이 있다. 하지만 동시에 시장 환경의 급속한 변화 속에서 혁신 없이는 생존하기 어려운 것도 현실이다.

이런 딜레마가 발생하는 근본적인 이유는 가족기업의 이중 속성에 있다. 기업 시스템은 성장과 수익성을 추구하지만, 가족 시스템은 안정성과 화합을 우선시한다. 특히 승계 과정에서는 후계자가 자신만의 색깔을 보여 주려는 욕구와 기존 가족 구성원들의 안정 지향적 성향이 충돌하면서 갈등이 심화되는 경우가 많다.

그러나 이런 갈등을 부정적으로만 볼 필요는 없다. 오히려 서로 다른 관점이 충돌하면서 더 균형 잡힌 의사결정을 내릴 수 있는 기회가 되기도 한다. 후계자의 혁신적 아이디어와 가족들의 신중한 접근이 결합되어 더 체계적이고 실현 가능성 높은 계획이 수립될 수 있다.

2. 가족 내 의사결정 메커니즘의 중요성

가족기업에서 중요한 의사결정을 내릴 때는 체계적인 의사결정 과정이 필요하다. 성공적인 가족기업들은 감정적인 반응과 일방적인 주장이 오가는 초기 단계를 거쳐, 시간을 두고 충분히 논의한 결과 모든 구성원이 납득할 수 있는 결론에 도달하는 과정을 보여 준다.

효과적인 가족 의사결정을 위해서는 몇 가지 원칙이 필요하다. 먼저 모든 구성원이 자유롭게 의견을 표현할 수 있는 분위기를 만들어야 한다. 가족 구성원이 처음에는 부정적인 의견을 냈다가도, 이후 충분한 정보를 바탕으로 자신의 입장을 수정할 수 있는 것은 개방적 토론 문화가 있기 때문이다.

또한, 충분한 정보 공유가 전제되어야 한다. 가족 구성원이 업계 전문가들에게 문의해 보고 의견을 바꾸는 경우를 보면, 정확한 정보를 바탕으로 한 판단이 얼마나 중요한지 알 수 있다. 감정이나 추측이 아닌 객관적 근거를 토대로 논의해야 건설적인 결론에 도달할 수 있다.

시간적 여유를 갖는 것도 중요하다. 가족기업에서 선대 경영자가 충분한 숙려 시간을 제안하는 것은 매우 현명한 판단이다. 급하게 결정을 내리려 하면 감정적 대립만 격화될 뿐 합리적 해결책을 찾기 어렵다. 특히 가족기업에서는 한 번 생긴 감정의 골이 오래 지속될 수 있으므로 충분한 숙려 시간을 갖는 것이 필수적이다.

3. 단계적 혁신 전략의 수립과 실행

가족기업의 혁신 전략으로는 단계적 접근법이 매우 적절하다. 시장 조사와 기술 검증을 통한 사전 준비, 파일럿 프로젝트를 통한 실험과 학습, 그리고 본격적인 투자와 확장이라는 단계별 접근은 리스크를 최소화하면서도 기회를 놓치지 않는 균형 잡힌 전략이다.

첫 번째 단계인 사전 조사와 검증 과정에서는 시장의 잠재력과 기술적 실현 가능성을 면밀히 검토해야 한다. 후계자가 특정 분야에 관심을 갖게 된 것이 개인적 관심에서 출발했다 하더라도, 이것이 실제 사업 기회로 연결되려면 시장 수요, 경쟁 환경, 진입 장벽 등을 체계적으로 분석해야 한다. 또한, 기존 사업과의 시너지 효과나 내부 역량과의 적합성도 종합적으로 평가해야 한다.

두 번째 단계인 파일럿 프로젝트는 본격적인 투자에 앞서 실제 시장에서의 반응을 확인하고 내부 역량을 점검할 수 있는 중요한 과정이다. 작은 규모로 시작하여 예상치 못한 문제점들을 미리 발견하고 해결책을 마련할 수 있다. 이 과정에서 얻은 경험과 데이터는 이후 본격적인 사업 확장 시 매우 귀중한 자산이 된다.

세 번째 단계인 본격적인 투자와 확장은 앞선 두 단계에서 축적한 경험과 확신을 바탕으로 이루어져야 한다. 이때는 과감한 투자와 빠른 실행이 중요하지만, 동시에 지속적인 모니터링과 수정도 필요하다. 시장 환경은 계속 변화하므로 초기 계획에만 매몰되지 말고 유연하게 대응할 수 있는 체계를 구축해야 한다.

4. 가족 구성원 간 역할 분담과 협력 체계

성공적인 가족기업에서는 각 구성원이 서로 다른 관점에서 기여하는 경우가 많다. 후계자는 혁신적 아이디어와 추진력을, 형제자매는 냉정한 분석과 객관적 시각을, 다른 가족 구성원은 업계 전문성과 실무적 조언을, 선대 경영자는 중재와 전체적인 방향 설정을, 그리고 또 다른 가족 구성원은 가족 화합에 대한 관심을 각각 보여 주는 것이 일반적이다.

이런 다양성은 가족기업의 큰 강점이 될 수 있다. 혼자서는 놓치기 쉬운 부분들을 여러 사람이 다각도로 검토함으로써 더 완성도 높은 의사결정을 내릴 수 있다. 다만, 이런 장점을 살리려면 각자의 역할을 명확히 하고 효과적으로 협력할 수 있는 체계가 필요하다.

역할 분담에서 중요한 것은 전문성과 관심사를 고려하는 것이다. 어떤 가족 구성원은 재무적 관점에서 리스크를 분석하고, 다른 구성원이 업계 동향을 조사하는 것처럼, 각자의 강점을 살릴 수 있는 영역에서 이바지하도록 하는 것이 효과적이다. 또한, 후계자가 주도적 역할을 맡되, 다른 가족 구성원들의 의견을 충분히 수렴하는 리더십을 보여 주는 것이 중요하다.

협력 체계를 만들 때는 정기적인 소통 채널을 구축하는 것이 필요하다. 중요한 사안이 있을 때마다 가족회의를 개최하여 충분히 논의하는 것도 좋은 방법이다. 다만, 너무 형식적이거나 경직된 구조보다는 자유롭고 개방적인 분위기에서 진솔한 대화가 이루어질 수 있도록 하는 것이 중요하다.

5. 갈등을 성장의 기회로 만들기

가족기업에서 갈등을 건설적으로 해결한 사례를 보면, 초기의 갈등과 의견 대립이 결국 더 나은 해결책을 만들어내는 과정으로 이어지는 경우가 많다. 만약 후계자가 가족들의 반대를 무시하고 독단적으로 추진했다면, 혹은 가족들의 반대에 좌절하여 포기했다면 이런 긍정적 결과를 얻기 어려웠을 것이다.

갈등을 건설적으로 해결하기 위해서는 몇 가지 중요한 태도가 필요하다. 우선 상대방의 의견을 진지하게 듣고 이해하려는 자세가 중요하다. 가족 구성원이 처음에는 부정적이었다가도 충분한 정보를 바탕으로 입장을 바꾸는 경우를 보면, 열린 마음으로 다른 관점을 수용할 수 있어야 한다는 것을 알 수 있다.

또한, 감정적 대응보다는 객관적 근거를 바탕으로 논의하는 것이 중요하다. 가족 구성원이 업계 전문가들에게 문의해 보는 것처럼 추측이나 짐작보다는 구체적인 정보와 데이터를 토대로 판단해야 한다. 이런 과정을 통해 감정적 갈등을 건설적인 토론으로 전환할 수 있다.

무엇보다 중요한 것은 갈등 자체를 부정적으로만 보지 않는 것이다. 서로 다른 의견이 충돌하는 것은 자연스러운 현상이며, 오히려 이런 과정을 통해 더 완성도 높은 결론에 도달할 수 있다. 성공적인 가족기업들처럼 갈등을 성장과 발전의 기회로 만들 수 있다면, 가족기업의 큰 강점이 될 수 있다.

가족기업의 성공은 단순히 경제적 성과만으로 측정되는 것이 아니다. 가족 구성원들이 함께 성장하고 서로를 신뢰하며 공동의 목표를 향해 나아갈 수 있는 기반을 만드는 것이 더욱 중요하다. 이런 기반 위에서 새로운 도전을 시작할 수 있는 가족기업들이 지속 가능한 성장을 이룰 수 있다.

제 9 장

시작할 결심

[전문가 Talk: 가업승계 지원 세제의 전략적 활용]

[이론 편]

1. 가업승계 재무관리의 기본 원칙
2. 가업상속 공제 제도의 이해와 활용
3. 가업승계 과세특례의 전략적 가치
4. 창업 자금 증여 과세특례와 신사업 연계 전략
5. 세금 납부 시점 조정의 전략적 의미
6. 종합적 절세 전략 수립의 필요성

■ 마음을 정하는 순간

환경·소재 분야 진출에 대한 가족회의가 끝난 후, 민준은 한결 마음이 가벼워졌다. 단계적 접근이라는 합의점을 찾았지만, 이제는 구체적인 실행 계획을 세워야 할 차례였다.

어느 날 오후, 민준은 회사 내부를 천천히 둘러보던 중 창고 구석에 놓인 오래된 프레스 기계를 발견했다. 아버지가 창업 초기부터 사용해 온 것으로, 녹슨 부분이 많았지만 여전히 작동하는 모습이었다.

"이 기계를 보니, 아버지가 처음 회사를 세울 때 얼마나 애썼는지 새삼 실감되네."

그 순간 민준은 자신이 느끼고 있던 복잡한 감정을 정리할 수 있었다. 처음에는 '정말 이 길이 맞나?'라는 의구심이 컸지만, 지금은 달랐다. 가족이 함께 만들어 온 성과를 바탕으로 새로운 가치를 창출해 보고 싶다는 확신이 들었다.

■ 전문가와의 상담

며칠 후 민준은 가업승계 전문 컨설턴트와 만났다. 시스템 정비와 조직 혁신을 통해 얻은 경험을 바탕으로 이제는 더 체계적인 승계 계획이 필요하다고 생각했기 때문이다.

"지금까지 잘 준비해 오셨네요. 내부 시스템도 안정화되고 조직도 협력적으로 바뀌었다니 다행입니다."

컨설턴트가 민준이 제출한 현황 보고서를 보며 말했다.

"하지만 이제 정말 중요한 단계가 남았습니다. 바로 세무 전략과 법적 구조 정비죠."

컨설턴트는 조용하면서도 확신에 찬 목소리로 계속했다.

"결국 모든 것은 결심의 문제입니다. 처음부터 완벽한 해답은 없고, 어느 길로 가든 장기적인 시나리오를 세우는 것이 중요합니다."

민준은 그 말에 깊이 공감했다. 자신이 마주한 선택이 단순히 '물려받는 것'이 아니라, 앞으로의 미래를 어떻게 이끌어 갈지에 대한 큰 결정임을 다시 한번 깨달았다.

"특히 상속세나 증여세 문제는 미리 준비하지 않으면 나중에 큰 부담이 될 수 있습니다. 가업승계 지원 세제를 활용할 수 있는지도 검토해 봐야 하고요."

■ 아버지의 격려

그날 저녁, 민준은 아버지와 진솔한 대화를 나눴다.

"아버지, 컨설턴트 말로는 승계 과정에서 세금 문제가 생각보다 복잡하다고 하더라고요."

아버지는 고개를 끄덕였다.

"그래, 나도 최근에 알아보니 예전보다 훨씬 까다로워졌더라. 하지만 미리 준비하면 방법이 있다고 하니 다행이야."

아버지는 민준을 격려하며 말했다.

"네가 생각하는 대로 회사를 혁신해 보면 어떠냐. 환경·소재 분야도 좋고, 시스템도 체계적으로 만들어가고. 만약 일이 잘 풀리지 않는다면, 그때 가서 다른 방법을 생각해 보면 되지."

아버지는 민준의 선택에 부담을 덜어 주려 했다.

"중요한 건 네가 확신을 갖고 할 수 있느냐는 거야. 우리는 네가 어떤 선택을 하든 지지할 테니까."

■ 구체적인 로드맵 작성

그날 밤, 민준은 조용한 서재에서 노트북 앞에 앉았다. 컨설턴트의 조언과 가족들과의 논의 내용을 종합하여 구체적인 승계 로드맵을 작성하기 시작했다.

화면에는 다음과 같은 항목들이 체계적으로 정리되었다.

단계별 승계 계획, 세무 전략, 신사업 준비 방안 등이 체계적으로 정리되어 있었다. 각 항목마다 예상 일정과 주요 고려 사항들이 빼곡하게 적혀 있었다. 민준은 스스로 다짐했다.

"아버지의 경험과 지혜를 바탕으로, 더욱 체계적이고 계획적으로 진행하는 것이 좋겠다."

■ 새로운 출발

로드맵을 작성하는 동안 민준은 여전히 막막함을 느꼈다. 하지만 한편으로는 결심을 내린 순간부터 마음이 한결 가벼워지는 것을 경험했다.

'내가 만든 이 로드맵을 따라 한 걸음씩 나아가면 된다.'

그 생각이 그에게 큰 동력이 되었다. 더 이상 막연한 두려움이 아니라, 구체적인 계획과 실행 의지가 담긴 중요한 출발점이었다.

민준은 노트북 화면을 바라보며 조용히 속삭였다.

"이제부터 시작이다. 내가 이 회사를 책임지고, 새로운 미래를 열어 가겠다."

그 다짐은 단순한 말이 아니라, 앞으로의 도전과 변화, 그리고 그에 따른 책임을 감내하겠다는 굳은 의지의 표현이었다. 민준은 내일부터 본격적으로 로드맵의 첫 번째 단계를 실행에 옮기기로 마음먹었다.

[전문가 Talk: 가업승계 지원 세제의 전략적 활용]

민준이 로드맵을 작성하면서 가장 고민했던 부분이 바로 세무 전략이다. 아무리 좋은 사업 계획이 있어도 상속세나 증여세 부담 때문에 실행이 어려워진다면 의미가 없기 때문이다.

■ 가업승계 지원 세제의 핵심 가치

정부는 우수한 중소기업의 기술과 경영 노하우가 다음 세대로 원활히 승계될 수 있도록 다양한 세제 지원을 하고 있다. 가업상속공제, 가업승계 증여세 과세특례, 창업 자금 증여세 과세특례 등이 대표적이다.

이런 제도들의 공통점은 단순한 세금 감면이 아니라, 기업의 지속성과 성장을 전제로 한 지원이라는 점이다. 민준처럼 기존 사업을 기반으로 신사업을 추진하려는 경우에 특히 유용하다.

■ **전략적 접근의 필요성**

가업상속공제의 경우 최대 600억 원까지 공제받을 수 있어 절세 효과가 크지만, 사후관리 요건이 까다롭다. 가업상속 재산 유지, 지속적 가업 종사, 지분 유지, 고용 유지 등을 일정 기간 준수해야 한다.

가업승계 증여세 과세특례는 10억 원 공제 후 10~20%의 낮은 세율을 적용받을 수 있고, 증여 시점의 가치로 상속세 과세가액을 확정할 수 있어 불확실성을 줄일 수 있다.

창업 자금 증여세 과세특례는 민준처럼 신사업을 계획하는 경우 활용도가 높다. 최대 50억 원(고용 100명 이상 시 100억 원)까지 5억 원 공제 후 10%의 낮은 세율로 증여받을 수 있다.

■ **성공의 핵심 : 사전 계획과 지속적 관리**

이런 제도들을 성공적으로 활용하려면 민준처럼 단계별 로드맵을 수립하는 것이 필수다. 각 제도의 요건을 미리 검토하고, 사후관리 요건까지 고려한 장기 계획을 세워야 한다.

무엇보다 중요한 것은 세금 절약에만 초점을 맞추지 말고, 기업의 실질적 성장과 연계하여 접근하는 것이다. 그래야 진정한 가업승계의 목적을 달성할 수 있다.

[이론 편]

1. 가업승계 재무관리의 기본 원칙

가업승계는 단순히 소유권을 넘기는 것이 아니라, 기업을 지속적으로 경영하면서 이루어져야 하는 과정이다. 따라서 승계를 준비할 때는 개인의 재정 상황과 이를 뒷받침하는 기업의 재무관리를 함께 고려해야 한다.

기업 재무관리의 핵심 목표는 기업 가치의 극대화인데, 이를 위해 기업은 미래의 현금 흐름을 극대화하고 자본 비용을 최소화해야 한다. 현금 흐름을 극대화하려면 비용 중 하나인 세금을 줄이는 것이 중요하며, 동일한 세금이라도 납부 시점을 최대한 뒤로 미루는 것이 더 유리하다. 이는 경영인 개인의 자산관리 측면에서도 마찬가지다. 세금은 적게 부담하고, 납부를 연기할수록 재정적으로 유리한 구조를 만들 수 있다.

이와 같은 전략에 가장 부합하는 지원 제도가 바로 가업

상속공제다. 이 제도는 중소기업의 기술과 경영 노하우를 효율적으로 전수하고 활용할 수 있도록 설계된 것으로, 원활한 가업승계를 지원하여 기업의 경쟁력을 강화하고자 하는 취지를 가지고 있다.

2. 가업상속 공제 제도의 이해와 활용

가업상속공제를 받기 위해서는 다음 조건을 충족해야 한다. 첫째, 중견기업 이하의 규모로 일정 업종 요건을 충족해야 한다. 둘째, 선대 경영인이 일정 기간 기업을 소유하고 직접 경영했어야 한다. 셋째, 상속인의 연령, 가업 종사 여부, 대표이사 취임 요건 등을 충족해야 한다. 넷째, 상속세 납부에 여유가 없는 상황이어야 한다.

이 조건들을 충족하면, 사업용 자산에 대해 최대 600억 원까지 가업상속공제를 받을 수 있다. 이를 통해 상속으로 인한 세금 부담을 줄일 수 있고, 차후 승계 경영인의 지분 매각 시점으로 양도소득세가 이월되어 현금 흐름 부담을 줄이는 효과를 볼 수 있다.

그러나 가업상속공제를 받는 데는 기업이 지켜야 할 사

후관리 요건도 있다. 가업 상속 재산을 일정 기간 유지해야 하고, 승계받은 기업을 계속해서 경영해야 하며, 상속받은 지분을 일정 수준 이상 유지해야 한다. 또한, 일정 기간 동안 고용 수준을 유지해야 한다.

이처럼 가업상속공제는 세금 부담을 줄이고 가업승계를 원활히 할 수 있도록 지원하는 제도이지만, 사후관리 요건을 충족하지 못하면 공제 혜택이 취소되거나 추가 세금 부담이 발생할 수 있다. 따라서 승계 계획을 세울 때뿐만 아니라, 실행 후에도 철저히 관리하는 것이 매우 중요하다.

3. 가업승계 증여세 과세특례의 전략적 가치

우리는 흔히 대를 이어 후대에게 정신적 유산을 전달함으로써 영원히 살아간다고 이야기한다. 그러나 이는 추상적인 개념에 그치기 쉽고, 선대의 의지가 후대까지 이어질지 불확실한 경우가 많다. 하지만 이러한 승계 실행에 일정한 강제성을 부여하면 어떻게 될까? 모든 일은 행위 주체의 스스로의 의지와 적당한 외부의 강제성이 있을 때 실현 가능성이 높아진다고 생각한다. 가업승계와 관련하여 세제

상의 혜택을 받는 경우, 사후 의무로 일부 강제성을 부여받을 수 있다. 이 강제적 의무는 가업승계 과정에서의 제약으로 느껴질 수 있으나, 관점을 달리해서 보면 이 제약은 선대 경영인이 후계자에게 일정 기간 동안 경영을 유지하도록 약속을 받는 것과 유사한 효과를 가져올 수 있다.

가업승계 증여세 과세특례를 이용하는 경우 증여하는 시점에 이전하는 주식의 과세가액을 확정할 수 있다. 이는 불확실성을 제거하고 절세 효과를 가져올 수 있는 장점이 있다.

가업승계 증여세 과세특례를 적용받으려면 다음 조건을 충족해야 한다. 가업이 특정 업종에 속하고 중견기업 이하의 규모여야 하며, 선대 경영인이 일정 기간 기업을 소유하고 직접 경영했어야 한다. 또한, 상속인의 연령, 가업 종사 여부, 대표이사 취임 등이 요구된다.

위 조건을 충족할 경우, 사업용 자산에 대해 최대 600억 원 한도로 특례를 적용받을 수 있다. 구체적으로, 10억 원은 공제되고 과세표준 120억 원 이하에는 10%, 이를 초과하는 부분에는 20%의 세율로 과세된다.

그리고 가업승계 증여세 과세특례를 적용받은 후에는 일정 기간 동안 다음의 요건을 준수해야 한다. 승계받은 경영인은 기업 경영을 계속 유지해야 하고, 승계받은 지분을 일정 수준 이상 유지해야 한다. 가업상속공제와 비교하면, 자산 처분 금지나 고용 유지 의무가 없으므로 관리 부담이 상대적으로 적다.

가업승계 증여세 과세특례를 계획할 때 유의할 점은, 증여 후 사전 증여 재산 합산 기간인 10년(5년)이 지나더라도 해당 재산은 상속세 과세가액에 포함된다는 점이다. 이러한 특징으로 인해, 선대 경영인이 젊고 건강할 경우 과세특례의 필요성을 크게 느끼지 못할 수도 있다.

그러나 이 제도는 증여 시점의 주식 평가액으로 상속세 과세가액을 확정할 수 있다는 장점이 있다. 특히, 기업 가치가 향후 크게 상승할 가능성이 높은 경우에는 절세 효과가 더욱 커질 수 있다.

또한, 승계 경영인이 나중에 지분을 매각할 경우, 선대 경영인의 취득가액 대신 증여 시점의 평가액을 기준으로 양도세가 계산되므로, 이월 과세되지 않는다. 이 점은 세금 구조에 따라 추가적인 절세 효과를 제공할 수 있는 부분으로, 컨설팅 과정에서 중요한 고려 요소가 된다.

4. 창업 자금 증여 과세특례와 신사업 연계 전략

최근 창업 자금 증여 과세특례를 활용하여 베이커리 카페를 창업하거나 사업에 필요한 부동산과 유형자산을 취득하는 사례가 증가하고 있다. 특히, 단순히 커피숍 창업만으로는 해당 특례를 받을 수 없지만, 베이커리를 주업으로 설정할 경우 특례 대상 업종에 포함되어 이를 활용할 수 있다는 점에서 화제가 되었다.

일부는 부동산을 우회적으로 증여할 수 있다는 조세 회피 전략으로 어필하는 경우가 있었지만, 이러한 활용은 입법 취지와는 다소 거리가 있어 보인다.

그러나 가업의 가치사슬 내에서 전후방 확장이나 연관사업으로 다각화하려는 계획이 있다면, 이 특례를 신사업 자금을 지원하는 방식으로 활용할 수 있다. 이는 단기적인 재산 이전 이상의 장기적인 절세 효과를 기대할 수 있는 전략이다.

창업 자금 증여 과세특례의 주요 내용을 보면, 증여된 과세가액 최대 50억 원(신규 고용 100명 이상 시 100억 원)을 한도로 하고, 5억 원 공제 후 10%의 저율로 증여세를 부담한다.

창업 자금은 사업용 자산 취득에 사용해야 하며, 여기에 사업용 부동산도 포함된다.

이 특례를 적용받아 창업 자금으로 부동산을 취득한 후 가치가 상승할 경우 상속세 부담을 줄일 수 있고, 승계 경영인 외의 가족에게 자산을 이전하는 경우 장기적 계획으로 유리하게 작용할 수 있다. 또한, 창업 자금 증여 과세특례는 단순한 자산 이전을 넘어 가업과 연관된 신사업에 자금을 지원함으로써 가업의 지속 가능성을 확보하거나, 가족 단위의 자산 이전과 재산 증식을 효율적으로 도모할 수 있는 방안으로도 활용될 수 있다.

예를 들어, 기존 가업과 연결된 사업 분야로 다각화하거나 전후방 산업으로 확장하는 데 자금을 지원하면, 기업의 성장 동력 확보와 가족 경제의 안정성을 동시에 달성할 수 있다.

다만, 이 특례를 활용하기 위해서는 사후관리 요건을 준수해야 한다. 창업자는 일정 기간 동안 사업을 유지하고, 고용 요건을 충족해야 하며, 사업용 부동산으로 한정된 자산 취득 요건도 엄격히 따를 필요가 있다. 따라서 단순히 단기적인 재산 증식을 목표로 하기보다는 장기적인 관점에서 계획을 수립하고 활용 방안을 모색하는 것이 중요하다.

5. 세금 납부 시점 조정의 전략적 의미

어떠한 프로젝트에서 관련된 세금이 의사결정의 주요 요인일 때, 세액 크기와 납부 시점이라는 두 가지 요소를 균형 있게 고려해야 할 것인데, 현실적으로는 그렇지 못한 경우가 종종 있다.

일부 결정은 세액의 액면 금액만을 기준으로 이루어지지만, 순현재가치를 기준으로 의사결정 한다면 세액 납부 시점도 고려해야 할 것이다.

만약 세액 납부를 미래로 미룰 수 있고, 이로 인해 추가적인 이자 부담이 없다면, 동일한 액면 세액이라도 납부 시점이 뒤로 밀리는 방안을 선택하는 것이 합리적이다. 심지어 이자 성격의 세액이 포함될 경우에도, 납세자의 자금 조달 금리나 투자 수익률 등을 비교하여 방안의 유불리를 검토해야 한다.

이와 관련해 세액 납부 시점을 미루는 제도를 이해하는 것이 중요한데, 대표적인 사례로 분할납부와 연부연납이 있다. 분할납부는 세액이 2천만 원을 초과하는 경우 2개월간 나누어 납부할 수 있는 제도이고, 연부연납은 보다 장기적인 납부가 가능한 방식으로, 일반적으로 상속세는 최대 10년, 증여세는 최대 5년까지 적용된다.

그러나 가업승계와 관련된 경우에는 더욱 장기적인 연부연납이 가능하다. 가업상속공제를 받은 상속세는 최대 20년, 가업승계증여세 과세특례를 적용받은 증여세는 최대 15년까지 연부연납이 허용된다.

이는 일반적인 상속 재산이나 증여 재산보다 더 유리한 조건을 제공한다. 이는 가업승계를 지원하기 위한 특례 규정으로, 납세자의 자금 부담을 장기간에 걸쳐 완화시키는 효과를 기대할 수 있다.

또한, 2023년 1월 1일부터는 가업상속공제나 가업승계증여세 과세특례 요건을 충족했음에도 불구하고 해당 특례를 적용받지 않는 경우에도 일부 세액에 대해 납부 유예를 받을 수 있는 제도가 시행되고 있다.

이 제도는 기존의 가업상속공제나 가업승계증여세 과세특례와는 몇 가지 차이를 보인다. 가장 큰 장점은 업종 변경에 제한이 없고 적용 한도도 없다는 점이다. 이는 보다 유연한 사업 운영을 가능하게 하지만, 여전히 고용 요건과 지분 유지 기간과 관련된 의무를 부담해야 한다.

따라서 이러한 제도를 선택할 때는 각 제도의 요건과 제한 사항, 그리고 납부 유예로 인한 장기적 이익을 종합적으로 검토하는 계획이 필수적이다.

6. 종합적 절세 전략 수립의 필요성

가업승계 지원 세제를 적용받는 경우와 일반적인 상속·증여 과정을 비교하면, 세액 차이는 매우 크며, 이는 절세 효과의 큰 장점으로 작용한다. 그러나 가업승계 지원 세제의 요건과 사후관리 의무는 현실적인 경영 환경에서 이 제도를 활용하는 데 어려움을 주는 경우가 많다.

그렇다고 해서 이를 활용하지 않고, 세금 문제를 방치하기에는 기업가로서의 책임과 부모로서의 역할이 막중하다. 따라서 가업승계 지원 세제의 혜택을 받을 수 없는 경우에도, 선대 경영인이 의도하는 핵심 목적을 달성할 수 있는 대안을 찾아야 한다.

각각의 사실 관계를 면밀히 검토하고, 해당 사례에 적용될 세법을 분석하여 절세의 유리함과 이에 따른 기회비용을 비교한 뒤, 합법적인 범위 내에서 동일한 경제적 효과를 낼 수 있는 방법을 설계하고 실행할 수 있다.

다만, 이러한 절세 방안을 실행할 때에는 실질 과세 원칙이라는 국세 부과의 중요한 원칙이 적용될 가능성을 고려해야 하며, 이 원칙의 허들을 넘을 수 있을지 신중히 판단해야 한다.

합법적인 절세 범위는 어디까지일까? 대법원은 다음과 같이 판시하고 있다.

"납세 의무자는 경제 활동을 수행할 때 특정 경제적 목적을 달성하기 위해 어떤 법적 형식을 취할 것인지 임의로 선택할 수 있다. 과세 관청 또한 특별한 사정이 없는 한 당사자들이 선택한 법적 형식에 따른 법률 관계를 존중해야 한다. 여러 단계의 거래를 거친 결과에는 거래와 직접적인 관련성이 없는 요소나 외부적 요인도 포함될 수 있으므로, 최종적인 경제적 효과만으로 특정 거래를 증여로 단정하여 증여세 과세 대상으로 삼아서는 안 된다."(대법원 2017.1.25. 선고 2015두3270 판결)

최근 실질 과세 원칙과 관련된 주요 이슈로는 특정 법인(주로 자녀가 대주주인 법인)이 자본 거래를 통해 얻은 이익을 활용한 절세 방안이 있었다. 상속·증여세법상 자본 거래 이익이 과세 대상으로 명시되지 않은 점을 이용해 절세 전략으로 사용된 사례다.

그러나 2025년 개정 세법에서는 이러한 자본 거래 이익도 과세 대상에 포함하도록 열거 규정을 수정할 예정으로, 해당 논란은 법 개정으로 정리될 전망이다.

다만, 개정안 발표 이후인 2024년 하반기에는 이러한 절세안을 서둘러 실행하려는 움직임도 있었다. 이는 개정안이 2025년부터 시행될 예정이며, 소급 과세가 금지된다는 점을 이유로, 기존 절세안이 개정 이전에는 과세되지 않을 것이라는 판단 때문이었다.

절세와 조세 회피의 경계는 종종 모호하며, 이에 따라 새로운 절세안이 설계되고 실행되며, 쟁점이 발생하기도 한다. 가업승계 과정에서도 절세를 위한 다양한 재료와 방법이 존재하며, 이를 조합해 유리한 방안을 마련하는 것은 충분히 가능하다.

하지만 절세 전략을 실행하기 위해서는 사건이 확정되기 전에 충분한 준비와 계획이 이루어져야 한다. 준비 시간이 부족하면 법적 리스크와 경제적 손실을 감당하기 어려울 수 있다.

제 10 장
모두가 함께 만드는 '새로운 미래'

■ 첫 번째 성과들

민준이 작성한 로드맵의 첫 번째 단계가 시작된 지 석 달이 지났다. 그동안 가족과 함께 추진해 온 여러 과정이 서서히 결실을 맺기 시작했다.

가장 큰 성과는 명의신탁 문제의 상당 부분이 해결된 것이었다. 아버지가 직접 나서서 오래된 지인들과 하나씩 협의한 결과, 복잡하게 얽혀 있던 주주 구조가 많이 정리되었다.

"생각보다 사람들이 협조적이더라. 다들 나이가 들어서인지 복잡한 걸 정리하고 싶어 했어."

아버지가 만족스러워했다.

여러 전문가의 도움으로 가업승계 지원 세제 적용 가능성도 검토가 완료되었다. 조건을 충족할 수 있다는 결론이 나와 민준은 한결 마음이 놓였다.

"앞으로 2~3년에 걸쳐 단계적으로 진행하면 세금 부담을 크게 줄일 수 있을 것 같습니다."

전문가의 설명에 가족 모두가 안도했다.

■ 신사업 준비의 첫걸음

환경·소재 분야 시장 조사도 본격적으로 시작되었다. 민준은 대학 시절 지도교수와 연락하여 관련 연구실과 산학 협력 가능성을 타진했다.

"기존 금속 가공 기술을 베이스로 친환경 표면 처리 기술을 개발한다면 충분히 경쟁력이 있을 것 같습니다."

교수의 긍정적인 반응에 민준은 확신을 얻었다.

회사 내부에서는 작은 TF팀을 구성했다. 기술 담당 이 부장과 영업 담당 박 과장, 그리고 민준까지 3명으로 시작한 소규모 팀이었다.

"일단 작게 시작해서 가능성을 확인해 보는 게 좋겠어요." 이 부장의 신중한 접근에 민준도 동의했다.

하지만 모든 것이 순조로운 것은 아니었다. 일부 기존 거래처에서는 우려를 표했다.

"새로운 분야에 너무 집중하다가 기존 사업에 소홀해지는 것은 아닐까요?"

민준은 이런 우려를 이해했다. 급작스러운 변화보다는 기존 사업을 안정화시키면서 점진적으로 확장하는 것이 맞다고 생각했다.

■ 함께 만들어 가는 변화

무엇보다 민준이 만족스러워하는 것은 조직 내 분위기 변화였다. 부서 간 소통이 원활해지고, 직원들이 더 적극적으로 의견을 내기 시작했다.

"민준 상무님, 이번 신규 고객 건은 어떻게 접근하면 좋을까요?"

직원들이 민준에게 자연스럽게 의견을 구하는 모습을 보며 아버지는 흐뭇해했다.

"네가 정말 회사 일을 제대로 배우고 있구나."

민준은 여전히 많은 것을 아버지로부터 배우고 있었다. 중요한 결정을 내릴 때마다 아버지와 상의했고, 아버지의 조언은 여전히 소중했다.

"경험이 부족한 만큼 더 신중하게 접근해야 해요."

민준의 겸손한 자세에 아버지는 더욱 믿음직스러워했다.

■ 새로운 전망과 과제

석 달간의 경험을 통해 민준은 현실적인 과제들도 명확히 보게 되었다. 신사업 진출에는 예상보다 더 많은 시간과 자원이 필요할 것 같았다.

"시장 조사 결과 경쟁이 생각보다 치열하더라고요. 우리만의 차별화 포인트를 확실히 만들어야겠어요."

TF 회의에서 민준이 솔직하게 말했다.

"그래도 기존 고객들의 반응은 나쁘지 않아요. 친환경에 대한 관심이 높아지고 있거든요."

박 과장의 보고가 희망적이었다.

민준은 성급하게 확장하기보다는 올해 안에 파일럿 프로젝트 하나를 성공적으로 완료하는 것을 목표로 정했다.

■ 가족의 신뢰

어느 날 저녁, 온 가족이 모인 자리에서 그동안의 성과를 공유하는 시간을 가졌다.

"명의신탁 정리도 순조롭게 진행되고, 세무 전략도 수립됐고, 신사업 준비도 차근차근 하고 있구나."

누나가 정리해 주었다.

"무엇보다 민준이가 조급해하지 않고 차분하게 접근하는 모습이 든든해 보여." 어머니의 격려에 민준은 감사했다.

작은아버지도 긍정적이었다.

"회사 분위기가 많이 좋아졌어. 직원들 표정도 밝아지고."

아버지가 마지막으로 말했다.

"민준아, 네가 혼자 모든 걸 해결하려고 하지 않고 우리 모두와 함께 상의하면서 진행하는 모습이 보기 좋다. 그런 리더십이 진짜 리더십이야."

■ 계속되는 여정

민준은 창밖을 바라보며 조용히 생각했다. 몇 달 전만 해도 막막하기만 했던 가업승계가 이제는 구체적인 계획과 실행으로 이어지고 있었다.

물론 아직 갈 길이 멀었다. 신사업의 성공 여부도 불확실하고, 조직 운영에서도 예상치 못한 문제들이 계속 생길 것이다. 하지만 이제는 혼자가 아니었다. 가족 모두가 함께 고민하고 지원해 주고 있었고, 직원들도 적극적으로 협력하고 있었다.

"가업승계란 결국 함께 만들어 가는 과정이구나."

민준은 내일 있을 파일럿 프로젝트 첫 번째 미팅을 준비하며 다짐했다.

"아버지가 40년간 쌓아온 기반 위에 새로운 가치를 더해 가자. 하나씩 차근차근."

그의 책상 위에는 다음 달 추진할 구체적인 계획들이 정리되어 있었다. 더 이상 막연한 꿈이 아닌, 실현 가능한 목표들이었다.

글을 맺으며

가업승계는 정답이 정해진 시험이 아니다. 각 기업과 가족의 상황에 따라 서로 다른 답을 찾아가야 하는 여정이다.

이 책의 민준이 겪은 이야기는 그 여정의 한 가지 사례일 뿐이다. 어떤 가족에게는 매각이 최선의 선택일 수 있고, 어떤 가족에게는 전문 경영인 체제가 더 적합할 수도 있다. 중요한 것은 각자의 상황에 맞는 최선의 길을 찾는 것이다.

하지만 어떤 길을 선택하든 몇 가지 공통된 원칙이 있다.

충분한 시간을 확보하여 체계적으로 준비하는 것, 가족 구성원 간의 솔직하고 지속적인 소통, 전문가의 도움을 받아 법적·세무적 위험을 최소화하는 것, 그리고 무엇보다 서로에 대한 신뢰와 존중을 바탕으로 한 협력이다.

이 책에서 다룬 이론과 사례들이 여러분의 가업승계 여정에 작은 나침반 역할을 할 수 있기를 바란다. 그리고 그 여정의 끝에서 더 단단하고 지속 가능한 기업과 가족의 미래를 만날 수 있기를 응원한다.

참고 문헌

[1장]
- 김희선(2020),「국내외 가업승계지원제도의 비교 및 시사점」(중소기업 포커스 20-21), 중소 기업연구원
- 김영수, 김현구(2018) 가족기업 승계 요인이 기업가정신과 경영성과에 미치는 영향, 숭실대학교벤처중소기업학과, "가족기업의 경영성과와 승계 전략에 관한 연구"
- 최세경(2022) 중소기업 가업승계의 주요 쟁점과 2022년 세제 개편안의 시사점, 중소벤처기업연구원 KDI
- Astrachan, J.H. & Shanker, M.C.(2003), "Family Businesses" Contribution to the U.S. Economy: A Closer Look", Family Business Review
- 가족기업의 가업승계를 통한 현황과 개선 방안: A Study on the present condition and the method of improvement through Business Succession Strategy of Family Business.
- 이민희 고영초; 강동국; 김용수; 김종순; 류종기; 유근원; 박선옥; 이정현; 이종용; 전정화; 정운영 서울대학교 문헌지식정보최 고위과정 2015-12-24

[2장]
- 남영호. (2005). 가족기업의 승계계획에 관한 연구. 산업경제연구, 18(1), 57-78.
- 물려받은 회사 잘 키우려면… 가족기업의 혁신·성장 전략한국형 가업승계 전략 ④ | 매거진한경 2023.12.17 06:00 수정2023.12.22 10:21 한경비즈니스

[3장]
- 가업승계 고민 중이라면 명의신탁 주식부터 해결하자 | 한국경제 2024.07.27
- [기업성장 컨설팅] 가업승계에 걸림돌 되는 명의신탁주식 - 전자신문

[4장]

- 국세청(2024), 「중소·중견기업 경영자를 위한 가업승계 지원제도 안내」
- 장영광, 경영분석, 무역경영사
- 윤종훈, 이호준, 법무법인 한결, 화인경영회계법인 공저, 'M&A 전략과 실전사례', 매일경제신문사
- Ray H. Garrison, Eric W. Noreen, Peter C. Brewer, 'Managerial Accounting', McGrawHill
- Aswath Damodaran, 'Investment Valuation, Wiley

[5장]

- 김봉순, 한문성(2016), 「가업승계 시 후계자의 특성이 자기효능감, 경영성과 및 지속가능성에 미치는 영향에 관한 연구」, 한국가족기업학회3
- 김용기, 김영수(2017), 「코칭이 가족기업 승계 과정에 미치는 영향: 후계자 역량 강화 관점」, 가족기업학회
- 이한섭, 김종화(2021), 「가업승계를 미리 준비해야 하는 이유」, 한국경제TV6
- 김봉수(2025), 「가업승계, 단순한 절세가 아니다」, 파이낸스투데이 칼럼7
- 김창래, 윤영창(2023), 「가족기업의 혁신·성장 전략」, 한경BUSINESS
- 박성용(2024), 「성공적인 가업승계를 위한 정책: 리더십 이전을 중심으로」, 한국가족기업학회
- Baek, Y.J, & Hong, J.H(2017), 「후계자 역량개발은 가족기업의 승계 과정에서 중요한 역할을 담당한다」, 가족기업학회
- 김상훈(2018), 「가족기업의 이중속성과 경영성과의 관계」, 한국경영학회

[6장]

- 김용진(2019), 「중소기업의 생산성 경영 시스템이 생산성 성과에 미치는 영향」, 한국생산성본부
- 최종국(2024), 「중소기업 글로벌 경쟁력 강화를 위한 ISO 인증」, 파이낸스투데이
- 김상현(2020), 「기업 내부통제의 개선을 위한 법제도의 정비」, 경영법률연구
- 한국공인회계사회(2016), 「비상장주식 명의신탁증여의제 과세연구」

[7장]
- 김진영(2017), 「혁신생태계 조성을 위한 정부 개혁」, KDI Central Archives
- NST(2024), 「지속가능한 조직 문화 혁신을 위한 리더십 제고 방안」, 국가과학기술연구회
- 김현구(2024), 「조직 문화 심층 진단을 통한 중소기업 고용 문화 개선 사례 공유」, 고용노동부
- 정부혁신 홈페이지, 「2021년 근무혁신 우수기업 사례집」

[8장]
- Clayton M. Christensen(1997), 「The Innovator's Dilemma: When New Technologies Cause Great Firms to Fail」
- 김진혁(2023), 「혁신기업의 딜레마? 현상 유지 및 손실 회피」, FerroTimes
- Jamison, M.A. & Sitkin, S.B.(1986), "Corporate Acquisitions: A Process Perspective", Academy of Management Review
- 김창래, 윤영창(2023), 「가족기업의 혁신·성장 전략」, 한경BUSINESS
- 김영훈(2021), 「가족기업 내 갈등 관리와 승계 전략」, 중소기업연구

[9장]
- 국세청(2025), 「2025년 개정 세법 해설」
- 안성희(2025), 「성공적인 가업승계와 절세 전략(2025)」, 삼일인포마인
- 조세금융신문(2025), 「[전문가 칼럼] 2025년 가업승계, 개정세법 검토부터!」
- 중소기업중앙회(2025), 「[2025 제도 안내 ⑦] 가업승계 시 상속세·증여세 납부유예제도 안내」
- 미래에셋(2020), 「[세무] 가업승계 시 조세지원제도와 절세 전략」

이성과 감정, 가족과 기업 사이를 잇는 승계의 기술

바른 승계 길라잡이

초판 1쇄 인쇄 2025년 11월 17일
초판 1쇄 발행 2025년 11월 28일

저자	김민조 · 오재순 · 유동길 · 최상규 · 황조익
펴낸이	박정태

편집이사	이명수	출판기획	정하경
편집부	김동서, 박가연		
마케팅	박명준, 박두리	온라인마케팅	박용대
경영지원	최윤숙		

펴낸곳	BOOK★STAR
출판등록	2006. 9. 8. 제 313-2006-000198 호
주소	파주시 파주출판문화도시 광인사길 161 광문각 B/D 4층
전화	031-955-8787 팩스 031-955-3730
E-mail	kwangmk7@hanmail.net
홈페이지	www.kwangmoonkag.co.kr

ISBN	979-11-88768-97-4 03320
가격	16,000원

이 책의 무단전재 또는 복제행위는 저작권법 제97조5항에 의거
5년 이하의 징역 또는 5,000만 원 이하의 벌금에 처하게 됩니다.

저자와의 협약으로 인지를 생략합니다.
잘못된 책은 구입한 서점에서 바꾸어 드립니다.